A Cabana das Flores

Roberto de Carvalho
pelo Espírito Basílio

A Cabana das Flores

Aliança

2ª edição, 2ª reimpressão junho/2017, do 3º ao 4º milheiro
(Edição anterior 26.000 exemplares)

Título
A Cabana das Flores

Autor
Roberto de Carvalho

Revisão
Maria Aparecida Amaral

Diagramação
Felipe Rennó Martins

Capa
Felipe Rennó Martins
(Tela "Caminho", de Rosane Magno)

Impressão
Graphium Editora Ltda.

Ficha Catalográfica

Dados Internacionais de Catalogação na Publicação (CIP)
— Câmara Brasileira do Livro | SP | Brasil —

Basílio (Espírito).
A Cabana das Flores / pelo espírito Basílio;
[psicografado por] Roberto de Carvalho.
São Paulo : Editora Aliança, 2011.

ISBN: 978-85-8848-367-5 / 224 páginas

1. Espiritismo 2. Psicografia 3. Romance espírita
I. Carvalho, Roberto de. II. Título.

11-06689 CDD-133.9

Índice para catálogo sistemático:

1. Romance espírita psicografado : Espiritismo 133.9

Editora Aliança
Rua Major Diogo, 511 - Bela Vista - São Paulo - SP
CEP 01324-001 | Tel.: (11) 2105-2600
www.editoraalianca.com.br | editora@editoraalianca.com.br

Sumário

Prefácio

O livro *A Cabana das Flores* relembra ensinamentos que muitas vezes são esquecidos no meio espírita:

A importância da Caridade, "material e espiritual" como força indutora ao equilíbrio do indivíduo.

A necessidade da educação mediúnica como forma de transformação da energia em fonte de luz e de paz. "Deseducado" mediunicamente, Joaquim ficava desesperado com as suas visões. Estudando e praticando o bem, é outro homem, feliz, prestativo, esclarecido, auxiliando outras pessoas a conseguirem o reequilíbrio físico e psíquico.

A importância da família ensinando ao reencarnante a finalidade da existência; o pai pouco fez para ajudar o filho Ricardo, porém a mãe procurou auxiliá-lo conduzindo-o até o médium Joaquim.

O orgulho de Ricardo, o egoísmo que precisava ser tratado para que ele conseguisse aproveitar a encarnação.

A apresentação do indivíduo como herdeiro dos séculos, através dos quais vai construindo o seu modo de ser, errando e acertando com a assessoria de encarnados e desencarnados que expressam o maior ou menor merecimento do ser em cada vinda sua à Terra.

Os Espíritos protetores, bem explicados em *A Gênese* no capítulo: "O anjo da guarda", que mostra como nunca estamos sós, temos sempre ao nosso lado Espíritos especiais que nos impulsionam aos acertos na nossa caminhada.

As explicações sobre homens bons e maus, dilatadas na leitura do livro já citado, de autoria de Allan Kardec, no capítulo "O bem e o mau".

A compreensão de que, como dizia Jesus; "O homem que cresce é o fermento que leveda a massa", ou seja, cada ser que evolui passa a agir sobre os outros, via pensamentos e ações, dando-lhes o impulso inicial para que desenvolvam suas potencialidades luminosas. Joaquim auxilia os que o conhecem, na compreensão da Verdade.

As marcas do passado que permanecem no nosso inconsciente e os complexos de culpa gerando doenças como a apresentada por Alzira.

A morte como uma "viagem" agradável para o justo, e Alzira desencarnou com a tranquilidade de quem ama e faz o bem.

As dificuldades do relacionamento entre pais e filhos, na explicação dos problemas do passado que se fazem presentes quando falta o "orai e vigiai".

Muito importante também a apresentação dos laços de amor que se eternizam, possibilitando aos que caminharam mais auxiliarem os queridos que permanecem no erro.

O livro *A Cabana das Flores* é muito interessante e o convite por ele realizado deve sempre ser refeito, porque, como diz Kardec: "Reconhece-se o verdadeiro espírita por sua transformação moral". Só existe aprendizagem quando conseguimos nos modificar para melhor... A história de Joaquim e de Ricardo refaz o indispensável convite...

Heloísa Pires

Introdução

A necessidade de se praticar constantemente a caridade é um dos mais importantes ensinamentos que Jesus Cristo deixou para o homem. No entanto, é preciso que se busque entender o real significado desta palavra tão simples e, ao mesmo tempo, tão complexa, devido à abrangência de seu significado e às diferentes conotações que lhe são imputadas.

Um homem que, passando pela rua, jogou uma moeda dentro do chapéu de um mendigo, certamente praticou um ato de caridade, mas, se ao chegar em casa, com a desculpa de lhe ter faltado paciência, ofendeu a esposa porque o jantar não estava pronto ou agrediu o filho por futilidades, comprometeu o mérito da boa ação praticada na rua.

Ser caridoso é, antes de tudo, policiar e corrigir todas as nossas ações cotidianas, a fim de buscarmos um equilíbrio interior tão abrangente, que possa se expandir e envolver as pessoas que nos rodeiam. É a eterna busca do aperfeiçoamento moral, intelectual e espiritual; do desprendimento material e do viver para servir indiscriminadamente aos nossos irmãos.

Dar esmolas não é a mais importante das caridades, principalmente a esmola provinda do excesso, da sobra que não nos fará falta. A maior caridade está em doarmos, justamente aquilo que pouco temos, ou aquilo que conquistamos com sacrifício.

Ora, as nossas conquistas mais custosas não se encontram no campo físico, porque todos os bens materiais são de efêmera durabilidade e de limitado valor. O pão comido de manhã, não saciará a fome à tarde. A moeda, uma vez gasta ou perdida, não terá mais nenhum valor para quem a recebeu. A roupa, o calçado e o cobertor têm vida breve, porque pertencem a um mundo onde os bens são transitórios. Então, não resta dúvida de que nossas melhores doações são os bens duráveis além das transições corpóreas.

O que há de melhor no homem está na conquista da capacidade de amar indistintamente, está nas suas edificações espirituais; a maior caridade encontra-se na doação daquilo que alimenta o Espírito, pois este sim é eterno e, uma vez alimentado, não voltará a sucumbir, como ocorre com as doações materiais ao corpo físico.

Não significa dizer que são desnecessárias ou imerecidas as doações materiais. Pelo contrário, a boa vontade de pessoas abnegadas, que, por meio de campanhas beneficentes, de trabalhos voluntários ou mesmo de ações isoladas, tem sido o bálsamo a aliviar as chagas de muitos infelizes e, certamente, tais procedimentos serão recompensados no futuro. Chama-se a atenção para o fato de que a caridade material, apesar de sua imensa importância, não é suficiente nem para quem a recebe e muito menos para quem a pratica.

Se, ao nos aproximarmos de um mendigo sujo e maltrapilho para dar-lhe alguma coisa, o tratamos com indignação e nojo, de que terá valido a doação? O alimento suprirá sua fome. O cobertor o aquecerá, as roupas limpas dar-lhe-ão melhor aspecto, mas e o sentimento de rejeição que lhe imputamos ao Espírito? Esta será a lembrança que ele guardará de seu "benfeitor".

Se, ao contrário, for tratado com dignidade, ouvir palavras gentis e confortadoras, receber um sorriso sincero, muito outra será a impressão nele deixada e é isso que servirá de alívio às suas dores, ampliando o efeito da caridade, mesmo quando as doações materiais já tiverem se deteriorado.

Todos nós, independentemente da condição social em que vivemos na Terra, somos Espíritos criados à imagem e semelhança de Deus, portanto seres igualitários aos olhos do Criador. Nosso envoltório físico é uma condição temporal, condizente com os nossos merecimentos e não pode ser encarado como uma situação estacionária.

A vida segue em frente, sem interrupções, impulsionada pela infinidade do tempo. As provações terrenas nada mais são do que as diferentes escalas do aprendizado a que nos submetemos constantemente rumo ao aperfeiçoamento.

Repelir e humilhar o miserável de hoje é como ridicularizar um analfabeto, em vez de ensiná-lo a ler. E todas as nossas atitudes serão avaliadas e julgadas, futuramente pelo pior juiz que se pode enfrentar: a nossa própria consciência.

Nada garante que não seremos nós os pedintes de amanhã, reparando as nossas faltas, a mendigar muito mais que pão, mas principalmente, apoio moral, amor...

Quando Jesus disse: "Dai Pão a quem tem fome", estava se referindo ao pão que alimenta o Espírito, ou seja, ao amor no verdadeiro e sublime sentido da palavra; aquele mesmo amor que Ele demonstrou por nós, de forma fraterna e indiscriminada.

E é assim que deve ser. Sejamos, pois, generosos, sejamos caridosos e julguemos constantemente as nossas ações. Questionemos a nossa consciência se estamos sendo instrumentos de paz ou de discórdia; se estamos sendo bálsamos a suavizar os sofrimentos de nossos irmãos ou ácidos a escalavrar-lhes ainda mais as chagas dolorosas de suas reparações terrenas.

Assim, sem a necessidade de qualquer artifício extrassensorial, mas usando tão somente o bom senso, podemos fazer uma clara previsão do futuro e saber exatamente o que ele nos reserva.

O Egoísmo

"Se os homens se amassem reciprocamente, a caridade seria melhor praticada. Mas, para isso, seria necessário que vos esforçásseis no sentido de livrar o vosso coração dessa couraça que o envolve, a fim de torná-lo mais sensível ao sofrimento do próximo. O Cristo nunca se esquivava: aqueles que o procuravam, fossem quem fossem, não eram repelidos. A mulher adúltera, o criminoso, eram socorridos por ele, que jamais temeu prejudicar a sua própria reputação. Quando, pois, o tomareis por modelo de todas as vossas ações? Se a caridade reinasse na Terra, o mal não dominaria, mas se apagaria envergonhado; ele se esconderia, porque em toda parte se sentiria deslocado. Seria então que o mal desapareceria; compenetrai-vos bem disso.

Começai por dar o exemplo vós mesmos. Sede caridosos para com todos, indistintamente. Esforçai-vos para não atentar nos que vos olham com desdém.

Deixai a Deus cuidar de toda a justiça, pois cada dia, no seu Reino, Ele separa o joio do trigo.

O egoísmo é a negação da caridade. Ora, sem a caridade não há tranquilidade na vida social, e digo mais, não há segurança. Com o egoísmo e o orgulho, que andam de mãos dadas, essa vida será sempre uma corrida favorável ao mais esperto, uma luta de interesses, em que as mais santas afeições são calcadas aos pés, em que nem mesmo os sagrados laços de família são respeitados."

O Evangelho segundo o Espiritismo

Cap. XI – Item 12 (Pascal)

O Coronel

Capítulo 1

Chamava-se Ricardo, mas ninguém o tratava pelo nome de batismo, pois os bens herdados e muitas vezes ampliados, por sua incrível capacidade de enriquecimento, além de uma suntuosa influência política, concederam-lhe, também, uma titularidade igualmente pomposa, seguida do sobrenome forte, herdado do avô materno: Coronel Trajano.

Assim o chamavam, tanto os homens humildes, tirando-lhe o chapéu, quanto os políticos, os religiosos, as autoridades policiais, as mulheres e as crianças. E, há tanto tempo assim o tratavam, que nem o próprio Coronel fazia questão de se lembrar do seu primeiro nome.

Sua aparência física impunha respeito e, porque não dizer, medo em muita gente. Coronel Trajano era alto e corpulento. Tinha mãos enormes e peludas, sua voz era estrondosa feito um trovão e seus olhos, negros e impenetráveis, moviam-se inquietos e resolutos, espreitando a tudo e a todos, feito uma verdadeira ave de rapina.

Seu aspecto sisudo agravava-se pelo fato de estar sempre usando uma comprida capa escura que lhe encobria desde os ombros até as botas envernizadas, e um grande chapéu de couro, igualmente escuro, que lhe sombreava o rosto grave, onde uma espessa barba bem pouco deixava à mostra e dava-lhe um ar de velhice, embora tivesse pouco mais de 40 anos de idade.

Além da imensa propriedade, onde produzia leite e gado para abate, Coronel Trajano era proprietário de uma fábrica de laticínios, um grande alambique, moendas, curtumes, abatedouro e várias outras empresas que lhe garantiam muitos lucros.

Nada acontecia na localidade sem que houvesse sua participação direta. Políticos que se elegiam, vigários que assumiam paróquias, delegados nomeados, juízes, médicos, etc.

Sabedores da capacidade de persuasão exercida pelo coronel junto às mais altas autoridades da região, ninguém, que tivesse qualquer pretensão política, ousava contrariá-lo. Desta forma, vivia ele como um verdadeiro semideus, fazendo o que bem lhe aprouvesse, sem que nenhuma satisfação precisasse ser dada a ninguém.

O dinheiro e o poder funcionavam como um verdadeiro salvo-conduto de suas ações, e as autoridades faziam vista grossa a tudo, a fim de evitar atritos pessoais com o todo-poderoso.

E, durante quase vinte anos, em busca de uma insaciável ascensão material, Coronel Trajano sempre se valeu dessa condição para alcançar os seus objetivos, pouco lhe importando se, lícitos ou ilícitos; o que valiam eram os resultados práticos de seus atos e os lucros financeiros que esses pudessem lhe proporcionar.

Contendas

Capítulo 2

Aos 26 anos de idade, Ricardo acentuou sua opinião sobre o que considerava serem desmandos de seu pai. Achava-o tolerante demais para com os empregados e colonos da fazenda que Juvêncio herdara do sogro.

— Desse jeito não chegaremos a lugar nenhum! – gritou um dia com o pai, ao vê-lo dando dinheiro para um empregado.

E Juvêncio tentou justificar:

— O infeliz está muito doente. Adiantei-lhe um dinheiro para comprar remédio...

— Problema dele, meu pai! Ele que se vire com o que recebe de salário. Você é mesmo um molenga! É por isso que esta fazenda está indo de mal a pior. Essa gente não lhe respeita, não produz direito, vive inventando doenças para não trabalhar, para lhe arrancar esmolas...

— Não é bem assim, meu filho! A produção da fazenda está indo muito bem e a nossa situação financeira está ótima...

— Pode estar ótima para você, que já está ficando velho e daqui a pouco morre. Para mim, não. Tenho muita vida pela frente e não quero correr o risco de ficar pobre de uma hora para outra. É necessário ampliar os limites da propriedade, investir em outras atividades comerciais, modernizar o trabalho, exigir maior produção desses preguiçosos...

— Meu filho, entenda uma coisa. Nós precisamos tanto dos empregados, quanto eles de nós. Somos patrões, mas não devemos ser tiranos. De onde você tirou essas ideias infelizes? Eu sou incapaz de tratar mal a quem quer que seja, sou temente a Deus, sua mãe, coitada, é uma santa...

— Santos? Vocês? Ora essa, meu pai, eu tenho outra designação para pessoas como vocês! – Gritou o rapaz, encarando Juvêncio com sarcasmo. – Vocês são fracos, isso é que é... Covardes, medrosos, preguiçosos, ou o que queiram. Aliás, quer saber o que eu penso de verdade?

Juvêncio ameaçou se afastar, mas Ricardo o segurou pelo braço e completou:

— Bondade é apenas uma desculpa que os homens sem coragem usam para justificar a sua falta de iniciativa, a sua covardia.

Sem mais argumentos, Juvêncio se desvencilhou do filho e se retirou, deixando o rapaz espumando de raiva. Enquanto se afastava, ainda pôde ouvir Ricardo o desafiar:

— Sempre fugindo da realidade, não é, meu pai? Como não consegue justificar sua covardia, foge do enfrentamento...

A partir daquele dia, Ricardo não mais deixou seu genitor em paz. Vivia perseguindo-o, inquirindo-o, vigiando as suas ações e sempre as criticando.

— O que é que você pretende fazer, rapaz? – perguntou-lhe um dia o pai, em meio a mais uma discussão, em que era desafiado pelo filho.

— Pretendo assumir a direção da fazenda, meu pai. Você ainda não percebeu que está ultrapassado? Vá descansar, desocupe-se e me deixe assumir as rédeas do trabalho. – respondeu Ricardo com um tom de voz impositivo.

— Pois é bom que você tire essa ideia da cabeça – respondeu Juvêncio. – Só deixo de comandar a fazenda depois que estiver morto. E não faço isso por apego material, não. Faço, porque sei que você vai administrá-la com mãos de ferro, que vai magoar muita gente de bem e eu não quero estar vivo para presenciar esses absurdos.

— Está bem – galhofou Ricardo. – Com certeza você não vai durar muito tempo mesmo. Eu esperarei com calma, mas estarei de olho para evitar que você faça mais besteiras e dilapide a minha herança.

As contendas entre Juvêncio e Ricardo foram se intensificando e chegaram ao conhecimento de Alzira. Envelhecida pela doença, acamada, vítima de uma ulceração estomacal que lhe vinha consumindo há anos, Alzira não ousava interferir.

Mas acompanhou à distância e com imenso desgosto, o duelo psicológico travado entre seu marido e seu filho. Amava os dois. Não poderia tomar partido. Em parte, concordava com o filho, achava que Juvêncio poderia afrouxar o timão dos negócios e deixá-lo participar da administração da fazenda.

Mas, por outro lado, não podia concordar com as impetuosidades de Ricardo, com os seus despropósitos, o seu coração duro, a sua desumanidade... Com suas naturezas tão antagônicas, seria praticamente impossível que entrassem num acordo e que pudessem trabalhar juntos.

Alzira não conseguia compreender a natureza rude do filho; criara-o para o bem. Lembrava-se dele pequenino, atuando como coroinha nas missas dominicais. Parecia um anjinho ao lado do padre, auxiliando-o sobre o altar.

Em casa, Ricardo costumava chamar de madrinha uma antiga imagem de Nossa Senhora do Rosário, que Alzira herdara de sua avó e que ficava posicionada sobre uma cristaleira, na antessala. Sem que ninguém mandasse, ajoelhava-se diante dela todas as noites antes de se deitar e pedia proteção para ele e para os pais. Diante daquela cena tão pura, Alzira se emocionava e chegava às lágrimas.

Com o passar dos anos, Ricardo foi-se distanciando da religião. Na escola, aprendeu a ler e a escrever, mas aprendeu também, com colegas deseducados, palavras obscenas e atitudes embrutecidas que a decepcionavam imensamente. Tornou-se irresponsável e arruaceiro. Ofendia a professora com xingamentos, quebrava os móveis da escola e, como tivesse um porte físico bastante avantajado para a idade, batia em todos os demais garotos que, amedrontados, não ousavam desafiá-lo, passando a satisfazer todas as suas vontades.

Juvêncio, sempre ocupado com os intermináveis afazeres da fazenda, não prestava muita atenção às mudanças comportamentais do filho, mas Alzira muito se preocupava e o entregava nas mãos de Deus.

Um dia, queixando-se com uma comadre sobre os desmandos do menino, recebeu um conselho.

— Leve-o à cabana do Joaquim. Ele é benzedor dos melhores e sabe ver se a criança está com o coisa-ruim no corpo. Se ficar comprovado que está, ele expulsa o bicho na mesma hora e o manda de volta para o inferno – disse a comadre.

— Deus me livre! – benzeu-se Alzira. – Eu lá vou procurar um macumbeiro? Morro de medo só de pensar nisso.

— Ele não é macumbeiro, comadre, é um homem muito bom. Tão bom que até o coisa-ruim o respeita. Ele é benzedor e faz garrafadas para curar doenças! Dizem por aí que até o padre Porfírio vai lá de vez em quando, cuidar de uma asma que ele tem e que nenhum remédio de farmácia consegue dar jeito.

— O quê? Mas que heresia, comadre! O padre Porfírio é cliente desse tal Joaquim?

— Para a senhora ver, comadre, que não tem nada de mais. Aliás, eu nunca levei filho meu em médico. Só quem trata deles é o Joaquim da Cabana e olha que saúde e bom comportamento lá em casa nós temos para dar e vender, viu?

Tempos depois, chegou uma reclamação da escola. Ricardo havia quebrado portas e janelas, agredira o zelador a pedradas e fora expulso do estabelecimento de ensino.

Mais tarde, diante da mãe, que o encarava entre nervosa e desconsolada, ficou amuado. Chorou, disse estar sendo perseguido pelas pessoas, reclamou de fortes dores de cabeça e de tal modo se contristou que, em vez dos safanões prometidos, recebeu um leve sermão de Alzira, que achou melhor ocultar do marido o incidente.

No dia seguinte, levou Ricardo à cabana do Joaquim.

O Médium

Capítulo 3

Joaquim nasceu num casebre rústico, à sombra de um arvoredo, em um dos limites da fazenda dos Trajano. Seus pais tinham sido colonos do pai de Alzira. Ele era o caçula de uma família de seis irmãos e sempre fora considerado uma pessoa esquisita.

Desde a infância, Joaquim tinha o hábito de conversar com amigos invisíveis. Chamava-os pelos nomes e brincava com eles o tempo todo, para assombro dos irmãos, que se recusavam, inclusive, a dormir no mesmo quarto que ele, pois morriam de medo dos seus "fantasmas".

Por esse motivo, o dormitório de Joaquim precisou ser instalado no porão da casa, longe do restante da família, a fim de evitar maiores transtornos.

Tonha, uma mulata inculta, mãe do menino, não conseguia encará-lo de frente sem sentir arrepios.

— Diacho de menino mais esquisito! – comentou um dia com o marido. – Deve ter puxado à sua família.

E o comentário terminou em briga, porque o marido, que havia tomado umas cachaças, não gostou da observação.

— Tudo o que não presta você joga pra cima de mim e da minha família. Não me azucrine o juízo, Tonha, que lhe meto a mão na fuça! – gritou ele, com a voz pastosa dos bêbados.

Sem que ninguém soubesse, Joaquim havia escutado a conversa e, naquele momento, passou também a se considerar esquisito e imprestável. Fechou-se definitivamente em seu mundo, ou seja, no porão da casa, juntamente com os seus amiguinhos invisíveis e de lá somente saía raríssimas vezes.

Aos 11 anos de idade, Joaquim teve a sua primeira premonição e a viu se concretizar dias depois. O fato aumentou ainda mais a sua inquietação. Ele estava deitado à sombra de uma mangueira, contemplando as nuvens, quando o céu descoloriu-se por completo, tornando-se uma imensa tela negra. Do centro dele, abriu-se uma outra tela, menor, e tão branca que feriam os seus olhos. Dali foi projetada a imagem drástica do que viria a acontecer: havia um homem que, embora lhe parecesse familiar, tinha o rosto desfocado. Flutuava no espaço, enquanto lhe saía de um ferimento na perna direita, dois filetes de sangue que não se estancavam.

Quando o céu voltou a ser azul e as nuvens retomaram o percurso lerdo, Joaquim esfregou os olhinhos, como se pretendesse, com isso, apagar da memória aquela imagem intrigante, mas ela ficou martelando em sua mente e se repetia, às vezes, durante o sono.

Poucos dias depois, morria-lhe o pai, picado por uma cobra muito venenosa. Trouxeram o corpo arroxeado, numa padiola improvisada com bambus e um lençol branco. Puseram-no sobre a mesa e Joaquim reviu, como na visão anterior, a tela branca, ou seja, o lençol, projetando o corpo do homem morto, tendo dois furos minúsculos no tornozelo direito, onde duas gotas de sangue escurecido haviam coagulado.

Enquanto Tonha e os outros filhos se descabelavam, chorando desesperadamente diante do cadáver do chefe da família, Joaquim ficou petrificado, olhando-o sem nada entender. Buscava, dentro da limitação de seu cérebro infantil, uma explicação para o fenômeno. Como pudera ver aquela cena antes que ela acontecesse? Por que não percebera que a vítima seria o pai e não o avisara? Por que não pudera evitar a morte prematura de um homem tão saudável e trabalhador?

De repente, sentiu as pernas fraquejarem, sua cabeça pareceu girar feito um pião e ele desmaiou.

Após isto, foi acometido de uma mudez que durou quase uma década e que foi atribuída ao choque emocional. Ninguém poderia imaginar a terrível tormenta que pôs em polvorosa a sua alma. O sentimento de remorso foi imenso, pois embora sem saber como, o jovem continuava achando que poderia ter evitado a trágica e prematura morte do pai.

Joaquim assumiu um semblante pesaroso, tornou-se arredio e insociável. Depois serenou. Como um flagelado submete-se à imolação até com certo prazer, acostumou-se à constante tortura da clarividência, deseducada, e à incompreensão que ela trazia arraigada em si. Aos poucos foi se aquietando, até porque na medida em que ia crescendo, os amiguinhos espirituais deixavam de se apresentar como crianças e passaram a orientá-lo.

Uma noite, enquanto o menino se acomodava em sua rede, no porão da casa, percebeu a presença de um senhor simpático, que lhe disse num tom professoral:

— Joaquim, meu filho, sou seu amigo e protetor, não se preocupe com nada, não se consuma em dores e aflições, porque a hora da revelação ainda está por vir. Relaxe e deixe as coisas acontecerem naturalmente. Na hora devida, tudo se resolverá!

— O senhor é Deus? – perguntou mentalmente o rapazinho em sua inocência.

— Não! – respondeu o Espírito sem poder evitar uma gostosa gargalhada. – Não sou Deus, mas tenha certeza de que é em nome d'Ele que estou aqui.

— Então, quem é o senhor?

— Alguém que foi designado para lhe acompanhar. Meu nome é Joel, mas se você quiser pode me chamar de anjo da guarda.

— O senhor está morto?

— Ninguém está morto, meu filho! Na verdade, a morte não existe para o Espírito, somente para o corpo. Mas, este assunto ainda é complicado para você entendê-lo na íntegra. Na hora certa você aprenderá.

— Ninguém está morto? Quer dizer então que o meu pai também não está morto?

— Não! Está mais vivo do que nunca.

De repente Joaquim foi tomado por uma forte inquietação. Com o coração acelerado por aquela revelação que lhe soou tão verdadeira, perguntou com entusiasmo:

— Então... Eu posso vê-lo?

E o Espírito o encarou com compaixão.

— Infelizmente, ainda não, meu filho! Seu pai passará por um prolongado período de tratamento. Precisa se curar dos inúmeros vícios e imperfeições que acumulou ao longo de suas encarnações. No momento, é melhor deixá-lo em paz.

— Ele vai voltar um dia?

—Vai. Ele terá que voltar muitas vezes mais. No entanto, é como eu lhe disse, esqueça, por enquanto, esses detalhes. Estamos providenciando uma forma de você conhecer toda a verdade.

— Só mais uma pergunta – insistiu Joaquim, curioso –, por que isto só acontece comigo e não com os meus irmãos?

— Porque é uma tarefa sua. Você foi escolhido, ou melhor, você pediu para trabalhar na Terra, de uma forma diferente dos seus irmãos.

— Não me lembro de ter pedido nada...

— É claro que não se lembra. Você estava desencarnado quando fez o pedido.

— Desencarnado? Quer dizer, como o senhor?

— Sim, desencarnado como eu estou atualmente. Quando você se reencarnou, esqueceu-se do pedido que fez, o que é normal, mas as faculdades estão em você, para lembrá-lo o tempo todo do compromisso assumido. Agora, se vai cumprir ou não, só depende de você mesmo.

— Mas, eu não sei o que devo fazer...

— É por isso que estou lhe orientando. Relaxe! Agora durma e deixe as coisas acontecerem. Lembre-se sempre de que você não está sozinho.

— Mas... – tentou argumentar o menino, bastante confuso.

— Boa noite, Joaquim! No tempo certo, voltaremos a conversar. – insistiu a entidade.

E o rapazinho se deu por vencido.

— Está bem! Boa noite, senhor Joel!

Na manhã seguinte, Joaquim percebeu que a sua voz havia retornado, mas preferiu não alardear e permaneceu calado.

Com tanta economia de palavras, e porque não prestavam muita atenção a ele, nem as pessoas mais próximas notaram o episódio. Assim, o menino continuou sendo o mudinho desorientado de sempre.

O Mascate

Capítulo 4

Tempos depois, passou por aquele lugarejo um velho vendedor de bugigangas, chamado Horácio, e logo se afeiçoou a Joaquim. Alegando estar já bastante cansado para a árdua atividade de mascate, percorrendo grandes distâncias com suas pesadas malas às costas, ofereceu-lhe trabalho.

— O senhor tem certeza de que quer mesmo levar este menino? – perguntou Tonha com incredulidade. – Tenho outros filhos mais fortes e inteligentes que se prestariam melhor para o trabalho.

— Gostaria de contratar este rapaz, se a senhora não se importa e, é claro, desde que ele também concorde. – insistiu o mascate.

— Por mim, tudo bem. Eu não vou forçar filho meu a acompanhar ninguém, mas, se ele quiser ir, é problema dele. – sentenciou a viúva.

E Joaquim, sem saber exatamente porquê, já estava com sua minúscula bagagem preparada há mais de uma semana e foi com uma inexplicável alegria que recebeu aquele convite.

Sem pensar duas vezes, despediu-se da mãe, dos irmãos, dos animais de estimação e partiu feliz e sorridente ao lado de Horácio.

Na verdade, o que os unia naquele momento nada tinha a ver com o comércio. Horácio era um estudioso do Espiritismo. Médium de grande sensibilidade, notou em Joaquim, assim que o viu, seu imenso potencial mediúnico. Percebeu que o rapaz estava completamente perdido, que precisava de orientação para transformar em benefício as faculdades que as pessoas, por ignorância, consideravam retardamento mental.

Na primeira oportunidade, Horácio perguntou ao menino:

— Joaquim, meu filho, eu sei que você sofre muito porque sente coisas que não consegue explicar. É como se um constante temporal desabasse sobre sua cabeça e você não dispusesse de meios para impedi-lo. Não é?

Joaquim, pego de surpresa, baixou a cabeça, apenas meneando-a afirmativamente, evitando encarar Horácio. E o mascate prosseguiu:

— Você tem se calado para evitar constrangimentos ou até coisa pior, como a internação num hospício. Tudo isso porque, até hoje, ninguém procurou compreender as suas faculdades, não é?

E o menino, que continuava cabisbaixo, continuou meneando a cabeça.

— Não se preocupe – continuou Horácio. – Nada de ruim vai lhe acontecer. O plano espiritual me guiou a este fim de mundo para auxiliá-lo, meu jovem! Eu não descansarei enquanto você não estiver pronto. O que você tem não é defeito, nem doença. Você é possuidor de uma tarefa que Deus lhe concedeu para auxiliar às pessoas que sofrem na Terra as suas duras expiações. Você é uma espécie de elo que liga o mundo material ao mundo espiritual. Aqui está a chave com a qual desvendaremos os mistérios das suas faculdades e deixaremos você apto para usá-las em favor dos necessitados.

E exibiu-lhe *O Evangelho segundo o Espiritismo*, de Allan Kardec.

Quando Joaquim finalmente ergueu a cabeça para olhá-lo, Horácio percebeu que o rapazinho estava com os olhos cheios de lágrimas.

— Foi o Joel que lhe mandou? – perguntou Joaquim, timidamente.

— Joel? Eu não conheço nenhum Joel, mas se você desconfia, é muito provável que tenha sido. – respondeu Horácio, todo sorridente, abraçando-o.

Munido de seus inseparáveis livros doutrinários, o mascate foi esclarecendo ao menino as razões dos fenômenos que o acometiam.

O aprendizado de Joaquim foi bastante inusitado. A sala de aula eram os pequenos quartos das pousadas onde pernoitavam ou os acampamentos, sob a luz da lua e das estrelas, quando a noite os surpreendia longe das cidades.

Assim, a Doutrina Espírita e a alfabetização foram-lhe ministradas juntas, por meio de *O Evangelho segundo o Espiritismo*, de *O Livro dos Médiuns*, de *O Livro dos Espíritos* e de vários outros que Horácio possuía.

Aos poucos, foi-se descortinando, aos olhos do jovem vidente, a importância de suas habilidades mediúnicas e a necessidade de se preparar espiritualmente para colocá-las em prática, principalmente por meio da caridade.

— Embora possa parecer privilégio, mediunidade é um sério compromisso – explicava Horácio. – A faculdade mediúnica é sacrifício e seu objetivo não é exatamente trazer benefícios a quem a possui. É uma ferramenta que Deus coloca em nossas mãos e com a qual devemos trabalhar na seara do bem; plantando e cultivando apenas bons frutos, pois, quando chegar o momento da colheita, cada um só poderá colher os frutos do seu próprio cultivo e é com o que tiver nas mãos que prestará contas do seu trabalho.

Durante quinze anos, os dois trabalharam juntos, indo de cidade em cidade, comprando e vendendo miudezas, acondicionadas em pesadíssimas malas. Discípulo bastante aplicado, Joaquim procurava absorver todo o conhecimento que lhe era passado por Horácio.

Chegando às cidades, procuravam sempre se informar se havia algum Centro Espírita. Se houvesse, para lá se encaminhavam, ouviam palestras, recebiam os passes magnéticos, adquiriam livros doutrinários e seguiam em frente.

Sempre que tinham oportunidade, propagavam a Doutrina Espírita. Falavam com as pessoas sobre a existência da imortalidade espiritual, sobre a necessidade da progressão moral em nossas existências a fim de nos melhorarmos espiritualmente, e acabavam angariando muitos adeptos ao Espiritismo.

Um dia, chegaram a uma cidadezinha pequena e bastante sossegada. Efetuaram suas vendas durante o dia e, à noite, se dirigiram a uma pensão a fim de passarem a noite. Após o jantar, recolheram-se e Horácio, alegando um súbito mal-estar, pediu a Joaquim que fizesse a leitura do Evangelho.

— Qual delas? – perguntou Joaquim, já bastante familiarizado com o livro da esperança.

— Abra-o ao acaso – respondeu Horácio. – Vamos ver o que o plano espiritual nos reserva para esta noite.

Joaquim abriu o *Evangelho segundo o Espiritismo* e deparou-se com a seguinte leitura: "Mistérios Ocultos aos Sábios e Prudentes":

"Naquele tempo, respondendo, disse Jesus: 'Graças te dou a ti, Pai, Senhor do Céu e da Terra, porque escondeste estas coisas aos sábios e prudentes, e as revelaste aos simples e pequeninos'". (Mateus, 11:25).

"Pode parecer estranho que Jesus renda graças a Deus por haver revelado essas coisas aos simples e pequeninos, que são os pobres de espírito, ocultando-as aos sábios e prudentes, mais aptos, aparentemente, a compreendê-las. É que precisamos entender pelos primeiros, os humildes, os que se humilham diante de Deus e não se consideram superiores aos outros; e, pelos segundos, os orgulhosos, envaidecidos com o seu saber mundano, que se julgam prudentes, pois que eles negam a Deus, tratando-o de igual para igual, quando não o rejeitam. Isso porque, na antiguidade, sábio era sinônimo de sabichão. Assim, Deus lhes deixa a busca dos segredos, da Terra, e revela os do Céu aos humildes, que se inclinam perante Ele.

O mesmo acontece hoje com as grandes verdades reveladas pelo Espiritismo. Certos incrédulos se admiram de que os Espíritos se esforcem tão pouco para os convencer. É que eles se ocupam dos que buscam a luz com boa-fé e humildade, de preferência aos que julgam possuir toda a luz e parecem pensar que Deus deveria ficar muito feliz de os conduzir a Ele, provando-lhes a sua existência.

O poder de Deus se revela nas pequenas como nas grandes coisas. Ele não põe a luz sob o alqueire, mas a derrama por toda à parte; cegos são os que não a veem. Deus não quer abri-lhes os olhos à força, pois que eles gostam de os ter fechados. Chegará a sua vez, mas antes é necessário que sintam as angústias das trevas, e reconheçam Deus, e não o acaso, na mão que lhes fere o orgulho. Para vencer a incredulidade que lhe há de prescrever o que deve fazer, ou que lhe vai dizer: Se quiserdes me convencer, é necessário que faças isto ou aquilo, neste momento e não naquele, porque este é que me convém.

Não se admirem, pois, os incrédulos, se Deus e os Espíritos, que são os agentes da sua vontade, não se submetem às suas exigências. Perguntem o que diriam, se o último dos seus servos lhes quisessem fazer imposições. Deus impõe condições, não se submete a elas. Ouve com bondade os que o procuram humildemente, e não os que se julgam mais do que Ele". *O Evangelho segundo o Espiritismo* – Cap. VII – Itens 7,8 e 9.

Quando terminou de ouvir, Horácio tinha um meigo sorriso estampado nos lábios. Chamou Joaquim bem perto e lhe disse:

—Você está pronto, meu filho! Já poderei seguir em paz, porque agora você sabe o que deve fazer.

— Por que está dizendo isto? – perguntou Joaquim.

— Por nada! Vamos dormir, porque a partir de amanhã você terá uma grande tarefa.

Joaquim franziu o cenho, intrigado.

—Tarefa? Que tarefa?

—Joaquim, meu querido! – disse Horácio segurando a mão do rapaz. – Há quinze anos fui enviado àquele fim de mundo para resgatá-lo da ignorância imposta pela limitação material e ajudá-lo a abrir os olhos para o trabalho que lhe está reservado na Terra. Agora você já sabe o que deve fazer. Use a sua mediunidade para o bem. Propague a grande verdade às pessoas que insistem em se manter de olhos fechados para ela. Fale da imortalidade do Espírito e da necessidade de buscarmos a purificação através de nossas reformas; fale da grandeza e da bondade de Deus; fale do amor incondicional de Jesus Cristo, do piedoso Pastor que Ele é para com todas as suas ovelhas; auxilie os seus irmãos sofredores; viva para servir, pois esta é a sua tarefa.

Fitou Joaquim com serenidade e completou:

— Não se preocupe, meu filho! Pois, no momento oportuno, irei em seu auxílio. Se me for permitido, darei continuidade à sua obra. Por isso, entregue-se a ela com muito amor e dedicação.

Naquela mesma madrugada, amparado por duas entidades socorristas, Horácio, em Espírito, desprendeu-se do corpo, contemplou Joaquim, que dormia tranquilo, e depois seguiu para a pátria espiritual. Encontrava-se um pouco atordoado pela ação do desencarne, mas, ainda assim, estava tomado de forte emoção.

Tendo o dia amanhecido, Joaquim foi acordar o companheiro e constatou que ele havia desencarnado. Aparentemente, o velho mascate sofrera um infarto.

Bastante abalado, mas confiante de que o amigo estava bem amparado no plano espiritual, Joaquim lhe dedicou uma comovida oração. Depois providenciou o enterro do corpo e, passados três dias, retornou para casa.

De Volta

Capítulo 5

As coisas haviam mudado muito no lugarejo onde Joaquim nascera. Sua mãe há anos havia ido embora para bem longe, em segundas núpcias. Os irmãos estavam todos casados e morando em suas próprias casas. O casebre, à sombra do arvoredo e que fora doado pelos fazendeiros à família, após a morte do pai de Joaquim, estava completamente abandonado.

Com parte de suas economias, o médium o reformou, transformando-o numa agradável cabana, em torno da qual plantou flores, tornando o local alegre e convidativo. Reativou um antigo canteiro de hortaliças que passaria a vender e, com as quais se sustentaria a partir de então.

Foi exatamente por essa ocasião que voltou a receber a visita do amigo Joel, com quem passou a manter instrutivas e edificantes conversas.

Um dia, num finalzinho de tarde, estava Joaquim de visita à casa de um sobrinho, quando a filhinha deste, uma menina de pouco mais de 2 anos de idade, deu um grito e começou a chorar desesperadamente, esfregando a barriguinha.

Todos correram para acudi-la, mas o choro era tão convulsivo, que a criança sequer conseguia explicar o que sentia. Conduzido por uma força intuitiva, Joaquim correu ao quintal. Lá encontrou Joel, de braços cruzados, encostado numa goiabeira. Vendo que Joaquim estava bastante agitado o mentor lhe falou com voz tranquila:

— Acalme-se, Joaquim! A menina não vai morrer por causa de umas cólicas, e você só poderá ajudar, se conseguir controlar sua ansiedade.

Joaquim sorriu constrangido.

— Está bem, Joel, mas o que devo fazer?

— Arranque umas folhas daquela erva – disse Joel apontando uma moita. – Amasse em uma caneca com um pouquinho de água e faça a criança engolir o sumo.

Joaquim arrancou algumas folhas e voltou correndo para a cozinha. Amassou a erva num caneco e acrescentou um pouco de água. A menina estava com os olhinhos esbugalhados de tanto gritar. A mãe e os irmãos choravam juntos. O pai, jovem e inexperiente, corria com a filhinha de um canto a outro do quarto, sacudindo-a, sem saber o que fazer.

A barulheira era tanta, que Joaquim precisou gritar para ser ouvido. Mandou que o pai se aquietasse e mantivesse a filha deitada de costas, aproximou-se e forçou a criança a engolir aquele sumo.

Foi como se a dor tivesse sido arrancada com as mãos. Três minutos depois, a criança estava dormindo sossegadamente e a alcunha de curandeiro foi dada ao médium naquele exato momento.

Joaquim retornou ao quintal e, como já esperava, Joel não mais estava lá. Elevou o pensamento ao Céu e agradeceu ao plano espiritual pelo auxílio prestado. Naquele momento, lembrou-se de Horácio e das palavras que lera para ele na noite de seu desencarne:

"O poder de Deus se revela nas pequenas como nas grandes coisas".

Com o passar do tempo, o comentário de que Joaquim era curandeiro foi se propagando naturalmente. Devido à região ser povoada por pessoas muito carentes, que não tinham condições de recorrer a tratamentos médicos, muitos passaram a procurá-lo e o médium jamais lhes negava atenção.

Transformou um dos cômodos da cabana numa espécie de laboratório rústico. Ali, construiu um fogãozinho a lenha, no qual preparava as infusões e, sob a orientação de Joel e de outros mentores que o assistiam, desenvolvia as beberagens medicinais, utilizando ervas, raízes, cascas e sementes de plantas que passou a cultivar numa horta muito bem cuidada nos fundos do quintal.

Continuando a estudar a Doutrina Espírita, por intermédio das orientações dos mentores, dos livros herdados de Horácio e de novas remessas que adquiria nas poucas vezes em que viajava, Joaquim a propagava constantemente, angariando muitos adeptos ao espiritismo.

Sua cabana tornou-se uma espécie de clínica médica e escola, onde algumas pessoas, principalmente os jovens, reuniam-se aos domingos para estudarem *O Evangelho segundo o Espiritismo*.

Com os estudos que passaram a ser desenvolvidos na cabana, os fenômenos mediúnicos foram sendo esclarecidos aos frequentadores e, se uma ou outra criança manifestasse comportamentos anormais, os parentes logo a levavam ao Joaquim, a fim de que ele indicasse se se tratava ou não de mediunidade aflorada.

Às vezes era, mas muitas vezes tratava-se de efeitos físicos e morais, deseducação e fatores outros que pouco ou nada tinham a ver com a espiritualidade.

Mas se fossem confirmadas as possibilidades mediúnicas do assistido, em vez da discriminação e da incompreensão sofridas por Joaquim em sua infância e adolescência, a criança e a família passavam a ser instruídas.

Foi esse trabalho realizado por Joaquim que fez algumas pessoas ignorantes acreditarem que ele tinha o dom de espantar o demônio que houvesse se apossado da alma de uma criança.

À medida que os atendimentos foram se ampliando, Joaquim percebeu, com certa indignação, que as pessoas insistiam em levar-lhe doações de alimentos. Como o médium se recusasse a recebê-las, os atendidos deixavam por lá as ofertas, mesmo sem a sua aceitação.

Um dia Joel lhe disse:

— Joaquim, o que você pensa em fazer com as doações de alimentos que as pessoas insistem em lhe trazer?

— Sinceramente, Joel, eu não sei! A única certeza que tenho é a de que nada posso cobrar pelo que recebi graciosamente do plano espiritual. Não me formei em medicina e não pretendo transformar a minha mediunidade em comércio, porque estaria contrariando o Evangelho quando ele diz: "Dai de graça o que de graça recebestes".

— Perfeitamente, Joaquim! Um médium que comercialize o seu dom de curar estará angariando dívidas que precisarão ser resgatadas no futuro. Além disso, os Espíritos superiores não dão sustentação a médiuns interesseiros.

— Eu sei de tudo isso, Joel. É por isso que não cobro e nem aceito as doações que as pessoas insistem em me trazer.

— No entanto, Joaquim, a caridade se processa por diversos aspectos, inclusive pelo aspecto material... Há muita gente necessitada que frequenta a sua casa e que, além do atendimento espiritual, precisa também da caridade material.

— Eu sei, Joel, e já pensei muito sobre isto, mas não posso misturar as coisas. Sou um médium curador e devo me dedicar ao trabalho de cura.

Joaquim deu um profundo suspiro e prosseguiu:

— Se eu começar a receber doações e a distribuí-las entre os necessitados, embora sendo uma atitude nobre e desinteressada, pode ser mal interpretada por algumas pessoas e acabar interferindo na condução do trabalho mediúnico.

Joel refletiu por alguns segundos, antes de argumentar:

— Então, Joaquim, concluímos que o problema não está em aceitar as doações de alimentos, daqueles que fazem questão de trazer, e distribuí-los aos que passam fome, certo? Porque isso nada mais é que caridade, e a caridade nunca será condenada.

— Bem, isto é verdade! – concordou Joaquim.

— O problema está em não misturar a caridade material, à caridade espiritual, não é mesmo?

— Exatamente isso! – acatou o médium, pensativo.

— Nesse caso, tudo o que precisamos é de um voluntário que se encarregue deste assunto. Alguém que faça a caridade material, sem o seu envolvimento direto neste campo.

— A ideia é muito boa – disse Joaquim, coçando a longa barba. – Mas, onde arranjaremos alguém com disponibilidade, boa vontade e desprendimento suficientes para exercer uma tarefa tão importante?

E Joel sorriu enigmaticamente:

— Quem sabe, muito em breve, Joaquim?

E o médium compreendeu que alguma coisa boa estava por acontecer.

A Visita

Capítulo 6

Quando Alzira chegou à cabana, às primeiras horas de uma manhã ensolarada, Joaquim estava cuidando do canteiro de ervas. Ricardo, ainda receoso de ser castigado pela mãe e, sem saber exatamente o que o aguardava naquela visita, mantinha-se submisso e cabisbaixo, ao lado dela.

Após entrarem, o médium os conduziu a um pequeno cômodo e os convidou a se acomodarem num banco tosco, sentando-se de frente a eles, num toco de madeira que lhe servia de assento.

Alzira contemplou aquele homem que, embora devesse ter pouco mais de 40 anos, parecia bem mais velho. Tinha os cabelos grisalhos, a barba longa e, fisicamente já se encontrava bem desgastado. Mas em seu rosto, um tanto desfigurado pelas rugas, reluzia um par de olhos amendoados, bastante vívidos, transparentes e joviais. Além disso, Joaquim era provido de um bom humor quase infantil.

Embora morassem próximos, pertenciam a mundos completamente diferentes. Alzira nunca o tinha visto antes daquele momento e, sem saber porquê, ficou impressionada com o médium.

— Meu nome é Alzira, sou esposa do Juvêncio...

— Não precisa se apresentar – respondeu Joaquim, com um sorriso amável. – Sei quem é a senhora e estimo muito a sua família, dona Alzira! Meu pai trabalhou muitos anos para o seu e gostava muito dele. Seu pai era uma ótima pessoa, assim como o seu esposo, que é também um homem de excelente caráter.

— Obrigada, seu Joaquim! Me disseram que o senhor é mesmo muito educado.

O médium, percebendo que o motivo da visita era o garoto, achou que seria conveniente conversar a sós, para evitar constrangimentos de ambas as partes.

— Meu jovem, não quer dar uma volta por aí? – perguntou, depositando a mão no ombro de Ricardo. – Vê se colhe umas mangas bem madurinhas... As mangueiras estão bem carregadas este ano.

Ricardo, que estava mesmo se sentindo muito constrangido, ficou aliviado com a proposta e ergueu-se num salto.

— Posso ir, mãe?

— Claro, meu filho! Mas não se demore muito, porque daqui a pouco nós vamos embora.

O rapazinho saiu e Alzira, suspirando profundamente, virou-se para o médium.

— O senhor já percebeu o que me trouxe aqui, não é?

— Eu sei que foi por causa do menino. Mas, me diga, o que está acontecendo com ele.

— É isso que eu me pergunto todos os dias, seu Joaquim. Sempre procuramos, meu marido e eu, darmos a melhor educação a ele. Somos pessoas honradas, católicos fervorosos, tementes a Deus. Meu marido é um patrão generoso, bom esposo, bom pai. Não damos a este menino o menor exemplo de maldade, mas ele está se enveredando por um caminho tenebroso. Não sei mais o que fazer para trazê-lo de volta à normalidade, está cada vez pior.

— E por que a senhora veio aqui?

— Porque me disseram que o senhor poderia curá-lo. Disseram que se ele estiver possuído pelo demônio, do que eu já não duvido, o senhor pode botar para correr com o coisa-ruim e mandá-lo de volta ao inferno.

A situação era bastante dramática, mas Joaquim precisou fazer um grande esforço para não rir diante daquele absurdo. Então era isso que os ignorantes da Doutrina andavam falando a seu respeito!?

— Calma, dona Alzira! Primeiro, devo lhe dizer que não tenho poderes para espantar o demônio e, sabe por quê? Porque o demônio simplesmente não existe...

— Como não existe? – surpreendeu-se a mulher. – É claro que existe! A igreja afirma isso o tempo todo. É ele que faz todas as maldades do mundo...

— Que tipo de maldades?

— Ora, todas! As brigas, os assassinatos, o ódio, as guerras...

— Mas, dona Alzira, por acaso não são os homens que fazem tudo isso?

— Sim! Mas quando estão sob o domínio do diabo.

— Deixe-me dizer-lhe uma coisa, dona Alzira. É claro que o mal existe, porque para negar a existência do mal, nós teríamos que negar, também, a existência do bem; ou seja de Deus. Só que o mal não é fruto de uma influência externa que um demônio qualquer insira no coração do homem. A boa ação, assim como a má ação, são frutos plantados e colhidos pelo próprio homem em seu pomar interior; na sua alma. Deus concede a todos o livre-arbítrio e cada um o utiliza como acha melhor. Se alguém decide usá-lo para o mal, esse alguém passa a ser uma espécie de demônio, pois propaga a desgraça, magoa as pessoas e não mede as consequências de suas atitudes. Mas, ainda assim, é só uma ovelha desgarrada do rebanho. Isso acontece porque Deus não fica policiando ninguém, Ele espera que cresçamos e que germinemos bons frutos, pois é para isso que fomos criados. Mas os frutos não germinam e nem amadurecem juntos; cada um tem o seu tempo.

— Mas, seu Joaquim, como se explica que um menino de 15 anos seja tão perverso, tendo pais generosos e corretos?

— Dona Alzira, a senhora só vai entender a minha explicação, se puder admitir que somos seres imortais.

— Claro que somos! Desde que tenhamos uma vida correta e digna. Porque, assim sendo, ressuscitaremos no dia do juízo final e seremos escolhidos para viver eternamente ao lado de Deus.

— Ah! Então, se não formos corretos e dignos, seremos destruídos?

— Isso mesmo. Os ímpios serão conduzidos ao fogo do inferno e somente os justos herdarão a Terra.

— Então, me diga uma coisa, dona Alzira. Digamos que a senhora seja absolvida no dia do julgamento final e herde a vida eterna. Mas, por razões que hoje lhe são desconhecidas, o seu marido seja condenado ao fogo do inferno e, juntamente com ele, também o seu filho. Pergunto-lhe: a senhora terá uma vida eternamente feliz, alijada do convívio com os seus entes queridos? Sabendo que eles estarão sendo cozidos num caldeirão de azeite fervente? A senhora conseguirá se sentir bem, vivendo ao lado de um Deus impiedoso que não concede aos próprios filhos a oportunidade da reparação? A senhora conseguirá, de fato, continuar amando e sendo fiel a este Deus? E se a senhora, num momento de revolta, provocado pela saudade do esposo e do filho, blasfemar contra esse Deus, depois do tal julgamento? Será novamente julgada? Jogada na caldeira do diabo?...

Alzira impacientou-se.

— Seu Joaquim, o senhor está tentando me confundir. Eu vim aqui buscar ajuda para o meu filho, não para ouvir sermões...

Mas Joaquim continuava com seu tom de voz sereno, embora falasse com muita convicção.

— Dona Alzira, eu só posso explicar o que está acontecendo com o rapaz, de maneira racional. Não dá para inventar histórias sem pé nem cabeça só para aliviar a consciência de quem quer que seja. É muito cômodo imputar às maldades do diabo todas as nossas mazelas; difícil é encarar a realidade, admitir as nossas próprias culpas e a necessidade de reparações. Se a senhora puder pelo menos admitir a imortalidade do Espírito, eu terei como lhe explicar; caso contrário, estarei malhando em ferro frio. A senhora permite que lhe diga, à luz da verdade, o que está ocorrendo? – perguntou o médium seriamente, mas com o mesmo tom de voz calmo e pausado, fitando-a bem no fundo dos olhos.

— Está bem, seu Joaquim! Já que estou aqui... – acedeu a mulher, cruzando os braços.

— Somos todos imortais, dona Alzira, porque todos nós somos Espíritos e trazemos débitos morais muito antigos. O nosso corpo é uma roupagem provisória, com a qual estagiamos na Terra para aprendermos e para quitarmos esses débitos; para continuarmos nossa escalada em direção ao aperfeiçoamento, pois é este aperfeiçoamento que nos aproximará do Criador. E não serão somente uns privilegiados, alguns que Deus vá escolher a dedo, mas todos os seus filhos. "Nenhuma ovelha ficará perdida", lembra-se destas palavras de Jesus? Nós não passamos pela experiência na carne apenas uma vez, mas quantas vezes forem necessárias, até que estejamos preparados para nos tornarmos os seres perfeitos que o Pai Maior espera de nós.

— Mas e essas pessoas ruins, que só fazem maldade? Como poderão ser perdoadas e desfrutar o gozo celestial, juntamente com as pessoas de bem?

— Da mesma forma como a senhora procura perdoar e não deixa de amar o seu filho, quando ele apronta. Ou a senhora acha que tem maior capacidade de amar, compreender e perdoar do que Deus? Tudo o que a senhora quer é que seu filho se corrija, que perceba a gravidade das faltas cometidas, que se arrependa e não volte a cometê-las. E é exatamente isso que o Pai espera de nós. Para isso nos dá a oportunidade de aprendermos, mas sabe que seria impossível que aprendêssemos em apenas uma encarnação. Por isso é que estamos sempre voltando, pois, cada vez que voltamos, nós nos melhoramos um pouco.

— E, quanto ao meu filho, por que ele é assim?

— Quando nós reencarnamos, a única coisa nova em nós é a vestimenta física, ou seja, o corpo. O Espírito não é novo, ele traz consigo qualidades, defeitos, traumas, revoltas, paixões, vícios... Enfim muito daquilo que foi adquirido em outras existências. Durante a infância, com o Espírito adormecido na matéria, a pessoa se submete mais facilmente às influências do meio em que vive. Nessa fase, acata as vontades daqueles que o cerca e age mais por indução do que por vontade própria. Mas, à medida que vai se desenvolvendo, o Espírito começa a se sobrepor à matéria e, embora limitado pela couraça que o envolve, deixa aflorar os seus instintos anteriores. É quando começam os antagonismos e os conflitos existenciais.

Alzira estava pensativa, ouvindo com muita atenção cada palavra proferida pelo médium.

— Mas por que Deus deixaria encarnar, entre pessoas de bem, um Espírito perverso? – perguntou.

— Voltamos à questão da pluralidade das reencarnações. A senhora e seu marido também vêm de outras experiências na carne. Podem estar mais aperfeiçoados nesta, mas, e nas anteriores? Não teriam sido perversos também? O Espírito que, nesta vida lhe veio como filho é, provavelmente, fruto de uma quizila do passado. Não estou afirmando, mas é quase certo que ele seja vítima de uma ofensa promovida pela senhora, pelo seu Juvêncio ou pelos dois. As atitudes de agora podem ser o reflexo de uma velha antipatia que está aflorando em Ricardo e que ele, inconscientemente, está deixando fluir por meio de ações que lhes envergonhem e lhes roubem a tranquilidade. Provavelmente ele está exigindo uma reparação.

— Meu Deus! Mas, e se for isso mesmo, o que devo fazer?

— Dê-lhe o remédio universal, dona Alzira. A receita que é bálsamo para a cura de todos os males: o amor! Ame-o, dona Alzira! Procure orientá-lo, corrigi-lo, mas faça sempre por meio do amor e da compreensão.

Neste momento, Ricardo entrou com algumas mangas enroladas na camisa.

— Podemos ir embora, mãe?

— Sim, meu filho, vamos embora. Quanto lhe devo, seu Joaquim? – perguntou Alzira levantando-se e abrindo a carteira.

— Quanto me deve? Pelo quê?

— Pela consulta... Pelos conselhos... Pelas mangas...

— A senhora nada me deve, dona Alzira! Vá com Deus e volte sempre que tiver vontade.

Alzira estendeu a mão, cumprimentou Joaquim e se retirou. Ao passar pela sala acanhada da cabana, viu uma pequena fila de pessoas visivelmente necessitadas que começava a se formar, em busca de atendimento.

Naquele momento, não pôde deixar de sentir uma grande admiração pelo médium ao compreender a importância do seu trabalho. E foi naquele exato instante que uma ideia começou a tomar forma em sua mente. Uma ideia boa e nobre, algo que a fez sorrir de satisfação. Iria ajudá-lo!

Joaquim acompanhou mãe e filho até a porteira, onde uma charrete os aguardava, e ficou olhando-os se distanciarem lentamente, através da estradinha ocre, sobre a qual a poeira, banhada pelos raios de sol, formava um áureo desenho sinuoso que entrecortava a campina verde.

Elevou o pensamento e rogou a Deus que tivesse comiseração dos membros daquela família; que os ajudassem a encarar da melhor maneira possível a reparação de seus erros pretéritos.

Resignação

Capítulo 7

Após aquela visita à casa do médium, Alzira não mais deixou de frequentar a cabana. Incapaz de reconsiderar integralmente os conceitos religiosos que cultivava desde a infância, passou a usar o artifício de que se sentia na obrigação de apoiá-lo em seu trabalho de caridade.

Convenceu o marido sobre a importância, do ponto de vista social, de o estar ajudando e, embora, não estivesse totalmente convencido, Juvêncio não criou qualquer dificuldade aos propósitos dela. Permitiu que Alzira agisse como achasse melhor, mas nunca se deixou impressionar pelos relatos que ela lhe fazia sobre as nobres e desinteressadas atitudes de Joaquim.

Semanalmente, Alzira aparecia na cabana. Levava roupas e alimentos e assumiu o compromisso de distribuir as doações aos necessitados. Mas, na verdade, embora realizando com amor as boas ações a que se propôs, o que ela procurava mesmo era estar perto do médium para ouvir os seus aconselhamentos, pois, embora não aceitasse inteiramente a Doutrina Espírita, encontrava raciocínio lógico em tudo o que ele lhe dizia.

Percebendo a carência espiritual de Alzira, Joaquim a aconselhava, sempre de maneira serena e quase paternal. Em muitos momentos das conversas, Alzira fingia discordar das explicações dele, apenas para provocar um aprofundamento ainda maior em suas explanações. Depois sorria satisfeita e ia para casa com a cabeça cheia de ideias renovadas sobre religiosidade.

Alguns anos mais tarde, pouco antes de completar 40 anos, Alzira passou a sofrer violentíssimas dores abdominais. Antes de qualquer tratamento médico, pediu ajuda a Joaquim que, com muito boa vontade a medicou com seus chás, porém foi taxativo:

— Melhor a senhora procurar um hospital. Seu caso é bastante grave e pouca coisa poderá ser feita por aqui.

Os mentores espirituais o haviam orientado de que a doença de Alzira fazia parte de fatores ligados à sua existência anterior e que era, portanto, intrínseca à sua condição espiritual.

Era a lei de ação e reação que, desencadeada na esfera moral, repercutia-se indelevelmente sobre a matéria, cobrando, por si mesma, a devida justiça. Uma ofensa causada no passado manifestava-se, agora, em sentido contrário, impondo a ela um padecimento semelhante ao que fora provocado em outra pessoa.

Tal sofrimento, atraído ao corpo físico pela própria consciência de Alzira, embora não sendo o suficiente para extinguir a culpabilidade da grave falta cometida no passado, serviria como objeto de reflexão. Seria, pois, um importante passo para o adiantamento de sua progressão moral, desde que acatado com serenidade e resignação. Tratava-se da colheita obrigatória, do fruto cultivado durante a livre semeadura.

Por isso, o médium foi orientado a não interferir, pois em vez de ajudar, estaria prejudicando Alzira em sua escalada rumo à própria evolução.

Desta forma, ao invés de auxiliá-la, aliviando-lhe a dor física, Joaquim passou a prepará-la para aceitar com resignação o sofrimento que lhe seria imposto ao corpo material.

Quando, apesar dos remédios que a medicina terrestre lhe receitava, Alzira perdeu a força para sair da cama, Joaquim passou a visitá-la e a levar as palavras do Evangelho à cabeceira da amiga, cujo envoltório material se definhava dia a dia, causando-lhe terríveis padecimentos.

A essa altura, o trabalho fraterno por ela iniciado na cabana, já havia angariado novos voluntários e de tal forma se fixou, que não só nunca mais deixou de existir, como cresceu gradativamente, aliviando a fome e o frio de muita gente, principalmente de idosos e de crianças.

A contenda entre Ricardo e Juvêncio fez agravar ainda mais a doença de Alzira que, acompanhando à distância, sem nada poder fazer para abrandar a fúria que lançava pai e filho irremediavelmente um contra o outro, acabou transferindo para a chaga cancerosa que supurava em seu estômago toda a angústia que lhe consumia.

Um dia, Alzira acordou muito mal e pediu ao marido que mandasse chamar o padre Porfírio, pois precisava confessar. Mas pediu que ele mandasse chamar também o amigo Joaquim.

Quando ambos chegaram, ela mal teve forças para confessar os pecados ao vigário. Recebeu a extrema-unção e ficou olhando para Joaquim, com um leve sorriso nos lábios.

Então, o médium dedicou-lhe, em voz baixa, a prece de número 58 de *O Evangelho segundo o Espiritismo:*

"Deus todo-poderoso e misericordioso, eis uma alma que deixa o seu envoltório terrestre, para voltar ao Mundo dos Espíritos, que é sua verdadeira pátria! Que o possa fazer em paz, sob o amparo da vossa misericórdia. Bons Espíritos, que a acompanhastes na sua vida terrena, não a abandoneis neste momento supremo! Dai-lhe a força de suportar os últimos sofrimentos por que deve passar neste mundo, para o seu adiantamento futuro. Inspirai-a, para que ela consagre ao arrependimento de suas faltas os derradeiros lampejos da sua inteligência, ou os que momentaneamente ainda lhe advenham. Fazei com que o meu pensamento possa agir de maneira a ajudá-la a separar-se com menos dificuldade, e que ela leve consigo, no momento de deixar a Terra, as consolações da esperança".

Alzira desencarnou com serenidade e, apesar das terríveis dores que a doença lhe infligia, continuou olhando brandamente para Joaquim, nos momentos finais de sua passagem, e lhe disse em pensamento:

"Obrigada, meu amigo! Finalmente, eu conheço a verdade!".

Logo após a morte do corpo de Alzira, Joaquim viu quando dois socorristas promoveram o desligamento e, enlaçando o Espírito desfalecido, conduziram-no para a outra esfera, a fim de ser submetido aos tratamentos necessários.

Se o desencarne de Alzira promoveu algum sofrimento nos corações do marido e do filho, nenhum dos dois deixou transparecer. Talvez não quisessem dar sinais de fraqueza um ao outro.

Deixaram por conta das empregadas da casa e de algumas mulheres que tinham parentesco com ela cuidarem do corpo. Pediram ao padre que providenciasse o enterro e continuaram mudos, como se nada tivesse acontecido.

Talvez porque há tempos já vislumbrassem na matéria deteriorada daquela mulher um cadáver em decomposição e só esperassem mesmo o momento em que deveriam enterrá-lo.

Ameaça

Capítulo 8

O desencarne de Alzira precipitou os acontecimentos que já estavam fadados a ocorrerem. A presença material da mãe, mesmo naquelas circunstâncias precárias, de certo modo inibiam as atitudes mais agressivas de Ricardo. Agora, não. Nada o impedia de atacar o pai e ele o fazia impiedosamente.

No início, Juvêncio revidava aos insultos do filho, mas aos poucos foi se dando conta de que sua maldade não conhecia limites e, para evitar que algo pior viesse a acontecer, não teve alternativa a não ser ceder espaço para aquele terrível inimigo que vivia ao seu lado e que, ironicamente, o chamava de pai.

Aos poucos, Ricardo foi se assenhoreando da fazenda e impondo as suas duras diretrizes, mediante o olhar desanimado de Juvêncio.

Despediu os colonos e empregados que no seu julgamento eram incompetentes. Contratou somente homens fortes e destemidos, transformando parte deles em jagunços a seu serviço.

Avançou as divisas da fazenda pela força ou por meio de trapaças, prometendo indenizações que nunca pagava e, assim como na infância, impôs-se pela violência. Por intermédio dela ampliou consideravelmente as suas posses.

Foi nesse período que o movimento na cabana do Joaquim aumentou muito, tanto no atendimento àqueles que adoeciam devido à preocupação de se verem desempregados de um dia para o outro, quanto aos que, sem terem de onde tirar sustento para a família, recorriam ao médium em busca de recursos.

Joaquim, pacientemente, procurava atender a todos e, com a ajuda do plano espiritual, ia, na medida do possível, mitigando o sofrimento daquela pobre gente.

Com as invasões que iam sendo feitas nas redondezas, em várias pequenas propriedades que circundavam a fazenda, seus limites iam cada vez mais se ampliando e, à medida que se estendiam, Ricardo mandava seus capatazes derrubarem e queimarem todas as construções que tivessem sido edificadas nessas terras, pois fora orientado por um advogado a assim proceder. Segundo esse advogado, era uma forma de evitar possíveis pendengas judiciais, no futuro.

Ricardo simplesmente adorou a ideia e chegou a se divertir bastante enquanto a colocava em prática. Muitas vezes, ele próprio fazia questão de incendiar os casebres e ficava olhando o fogo se alastrar, com os olhos brilhando de euforia, enquanto os ex-moradores iam embora cabisbaixos, com suas trouxas às costas, quase sempre sem saber sequer qual rumo tomar.

Um dia, Joaquim estava lendo, à sombra de uma mangueira, quando ouviu um forte tropel se aproximando. Eram os capangas de Ricardo.

— Olá, velho! – gritou um deles sem apear do cavalo.

— Bom dia, rapazes! – cumprimentou o médium, aproximando-se da cerca. – O que desejam?

— Viemos em nome do senhor Ricardo Trajano, para lhe dar um recado.

— Pois não! Qual é o recado?

— Ele disse que está tomando de volta a terra do avô e que você, velho, tem dois dias para ir embora daqui.

Apesar do tom de voz ameaçador e zombeteiro do jagunço, Joaquim demonstrou calma. No fundo, ele já sabia que aquilo acabaria acontecendo a qualquer momento.

— Pois diga ao seu patrão, moço... Como é mesmo o seu nome?

— Argemiro.

— Diga a ele, Argemiro, que venha falar comigo pessoalmente. Não tenho por hábito resolver os meus assuntos por meio de recados. – respondeu tranquilamente o médium.

— O senhor é muito valente, vovô! – respondeu o jagunço rindo e fazendo rirem-se os outros três que o acompanhavam.

— Apenas deem a ele a minha resposta, por favor!

Argemiro aproximou a montaria do cercado que divisava a campina e o quintal da cabana. Encarou Joaquim firmemente e rosnou:

— O recado já foi dado, seu teimoso! Depois de amanhã vamos vir aqui e botar fogo na casa. Se você estiver dentro dela é até melhor, porque sujeito metido a valente tem mais é que morrer sapecado, mesmo.

Esporeou o cavalo e, acompanhado dos comparsas, saiu a galope, gargalhando e gritando indelicadezas.

Ricardo, deitado na rede da varanda, achou graça quando soube da petulância do velho Joaquim.

— O que vamos fazer com ele? – perguntou Argemiro, cheio de más intenções.

— Nada. Eu vou conversar com ele. – respondeu Ricardo.

— O patrão vai perder tempo conversando com aquele velho abusado?

— Escute muito bem o que vou falar, Argemiro: você trabalha para mim e tem a obrigação de cumprir as minhas ordens, mas não lhe dou o direito de questionar as minhas decisões e, além disso, não pedi opinião nenhuma, ouviu? Eu disse que vou conversar com o velho Joaquim e isto é problema meu, está bem?

Argemiro baixou a cabeça.

— Desculpe, seu Ricardo!

E foi aí que o jovem fazendeiro teve um lampejo de vaidade.

— Não me chame mais "seu Ricardo", ouviu? Nem você e nem ninguém!

— E como devemos chamá-lo, seu Ri...

— Chamem-me de Coronel... Coronel Trajano. Estamos acertados?

E a partir daquele momento os peões não mais o trataram pelo nome de batismo.

Joaquim passou aquela noite numa grande inquietação. Fez uma leitura do Evangelho e pediu orientação espiritual.

Joel veio ao seu encontro.

— Está com medo de quê, Joaquim? O pior que pode acontecer é você desencarnar, ou você está com medo da morte? – brincou.

— Não tenho medo de nada – respondeu o médium. – Estou preocupado é com o destino das pessoas que venho ajudando.

— Não se preocupe com isso. Houve um pedido especial em seu socorro.

— Um pedido? Posso saber de quem?

— Da sua amiga Alzira, a mãe do Ricardo.

— Ela já está em condições de ter pedidos atendidos? Fico muito feliz com isso!

— A vida regrada que ela teve na última existência, a caridade que o ajudou a fazer durante anos e o fato de ter suportado de forma tão resignada o padecimento de sua reparação permitiram a ela rogar ao Plano Maior que, de algum modo, interferisse nessa questão.

— Mas não é proibido, pela lei universal, a interferência no livre-arbítrio dos indivíduos.

— Claro que sim. Tanto que dificilmente o Ricardo deixará de ser o tirano em que se tornou, pois decidiu usar de forma errada o seu livre-arbítrio e isso somente ele pode mudar. Mas...

— Mas, o quê? – perguntou Joaquim, fugindo um pouco à sua habitual serenidade. Embora se esforçasse por manter a calma, estava visivelmente preocupado.

— Mas, uma boa inspiração, em prol de uma causa nobre como esta pode ser enviada da esfera espiritual, sem que a pessoa sequer perceba a interferência e sem que isso traga qualquer prejuízo à condução de sua escolha. – completou Joel. – Mas, veja bem, isto só está sendo possível, porque a Alzira tem um grande merecimento e o pedido está sendo feito por uma causa justa, pelo bem de uma coletividade e não egoisticamente.

— E o que exatamente vai acontecer? – quis saber Joaquim.

— Calma! Agora você está querendo virar adivinho também? – brincou Joel. – Fique sossegado.

Apenas confie em suas intuições, ore fervorosamente e deixe as coisas acontecerem naturalmente.

Antes de dormir Joaquim teve uma forte intuição que julgou interessante. Surgiu em forma de um conto que foi se formando em sua mente.

Quando o dia amanheceu, ele sabia exatamente qual era o objetivo daquela história.

O Conto

Capítulo 9

Joaquim tinha certeza de que receberia a visita de Ricardo, mas, ao contrário do que esperava, o fazendeiro fora sozinho e não acompanhado de seus jagunços.

— Bom dia, velho! – disse o fazendeiro, aproximando a montaria do cercado.

— Bom dia, seu Ricardo! Por que não apeia do cavalo e toma um cafezinho comigo? – convidou Joaquim, em tom cordial.

Ricardo saíra de casa irritado. Sabia que não devia nenhuma satisfação àquele homem, mas não conseguira conter o impulso de procurá-lo. Achou que, ao encará-lo iria destratá-lo e reforçar a ameaça de queimá-lo vivo, dentro da cabana.

Mas, agora que o vira, com sua aparência frágil e totalmente inofensiva, não sentia qualquer raiva dele. Não teve, também, qualquer sentimento de solidariedade, afinal isto não cabia em sua natureza pragmática, porém não sentiu repulsa e a ideia de tomar um cafezinho até que lhe caiu bem.

— O café está fresco?

— Acabei de coar.

— Então, vamos a ele – disse Ricardo, apeando do cavalo.

Ao adentrar o interior da casa, Ricardo lembrou-se da vez em que estivera ali na presença de sua mãe, mais de vinte anos atrás e quase chegou a sentir saudade dela. Mas logo tratou de espantar aquilo que ele julgou ser sentimentalismo inútil.

Joaquim encheu duas canecas com café bem quente, entregou uma a Ricardo e sentou-se de frente para ele. Seguindo, desde o primeiro momento, as intuições que lhe vinham à mente, perguntou:

— O senhor gosta de história, seu Ricardo?

— Depende, se for uma boa história...

— Então eu gostaria de lhe contar uma. Se o senhor achar que não é boa, pode me interromper que eu paro, está bem?

— Está bem. – respondeu Ricardo, sem demonstrar muito interesse.

E o velho começou:

"Um certo fazendeiro, muito rico, precisou de uma grande quantia em dinheiro para adquirir uma nova propriedade. Então, lembrou-se de que havia enterrado, anos atrás, um baú abarrotado de moedas de ouro, ao pé dum jacarandá, nas imediações de sua fazenda…"

Ao ouvir as palavras "fazenda" e "ouro", como o médium já esperava, Ricardo passou a demonstrar um grande interesse pela história e sua atenção ficou totalmente voltada para ela.

E Joaquim continuou:

"…Para ajudá-lo na tarefa de desenterrar o dinheiro, precisava de alguém que, apesar de forte o bastante para cavar e erguer o baú, fosse também honesto e servil o bastante para não trair a sua confiança. Depois de muito refletir, decidiu chamar Honorato, um de seus mais fiéis e confiáveis escravos.

Montaram a cavalo e foram desenterrar o tal tesouro. Enquanto Honorato, um negro enorme, escavava a terra, o fazendeiro, pequenino e bastante castigado pela idade, descansava à sombra da árvore.

De repente, o céu escureceu e uma repentina tempestade de verão desabou de forma tão violenta, com tantos raios e trovões, que os animais arrebentaram as rédeas que os prendiam e fugiram a galope.

Ao fazendeiro e seu escravo, não restou alternativa a não ser se protegerem sob o enorme jacarandá.

Mas seus destinos estavam selados: um raio fulminante explodiu no tronco da árvore, matando os dois imediatamente. O desenlace foi tão inesperado, que eles mal perceberam o que havia acontecido.

Logo que a tempestade passou, o fazendeiro mandou que Honorato terminasse de desenterrar o tesouro e fosse procurar os cavalos, pois precisavam deles para levar aquela carga pesadíssima para casa.

O escravo, como sempre fizera, acatou servilmente às ordens do seu senhor. Com o tesouro fora do buraco, percorreu as cercanias e voltou desconsolado. Os animais haviam desaparecido de vez.

Então o fazendeiro, irritado com o que julgou ser incompetência do escravo, ordenou que este levasse o baú nos ombros. Mais uma vez, o obediente negro acatou. Colocou o pesado tesouro às costas e seguiram viagem.

À medida que andavam, o caminho ia ficando diferente e, em vez de chegarem à casa da fazenda, chegaram num lugar completamente desconhecido, onde, sob um imenso portal, foram recebidos por um senhor de cabelos grisalhos, estranho a eles, mas muito simpático e educado.

— Que lugar é este? – perguntou o fazendeiro.

— Aqui é o mundo espiritual – respondeu o homem. – Vocês acabaram de desencarnar, vítimas daquele raio que caiu sobre o jacarandá. Mas não se preocupem, pois receberão o tratamento e o esclarecimento necessários para entenderem tudo o que está acontecendo. Sejam muito bem-vindos!

O fazendeiro desconfiou daquele gesto tão hospitaleiro, mas aceitou o convite, afinal estava se sentindo cansado e precisava de repouso. Ordenou a Honorato que entrasse na frente.

Quando o escravo ia passando pelo portal, o homem de cabelos grisalhos lhe perguntou:

— De quem é este baú?

Honorato, envergado pelo peso da carga, mal conseguiu responder que era de seu amo.

— Então, o senhor não poderá entrar com ele – disse o gentil cavaleiro. – Aqui, cada um entra somente com aquilo que lhe pertence. Onde estão os seus pertences?

— Não tenho pertence algum! – respondeu Honorato, com voz constrangida.

Nesse momento, o fazendeiro, orgulhoso de toda aquela fortuna, ordenou ao escravo que a colocasse em seus ombros.

— Acho que o senhor não vai aguentar! – disse o homem de cabelos grisalhos. – Melhor deixar este baú aí fora.

O fazendeiro ficou histérico.

— E o senhor acha que eu vou abandonar a minha fortuna? Nunca! Ainda estou forte o suficiente para carregá-la. Dê-me logo isso aqui! – gritou para o escravo e, voltando-se para o outro: – Não foi o senhor que disse para cada um entrar com os seus pertences?

— Está bem! – respondeu ele. – Faça como achar melhor.

O escravo, livre daquele peso terrível, entrou feliz e sorridente no mundo espiritual. O fazendeiro, achatado pelo peso do baú, entrou gemendo, capengando, todo encurvado.

Após transporem o portal, o fazendeiro perguntou ao homem que os recepcionara onde deveria arriar o seu baú.

— Em lugar algum – respondeu o homem, sem perder o ar sereno.

— Como assim? – irritou-se o fazendeiro. – Eu não posso ficar com este peso insuportável nas minhas costas pelo resto da vida. Preciso guardar meu baú em algum lugar.

— Aqui não há lugar para pertences materiais – explicou o homem. – Este escravo, que disse não ter trazido pertence algum, na verdade trouxe um tesouro muito maior que o seu: trouxe um baú abarrotado de virtudes, aliás, virtudes que o senhor mesmo reconheceu quando o escolheu para ajudá-lo na tarefa de desenterrar a sua fortuna.

— Quer dizer que ele vai ficar aí, todo tranquilo, enquanto eu fico sofrendo para sustentar este peso insuportável? – gritou o fazendeiro, inconformado.

— Exatamente – anuiu o homem. – O tesouro que Honorato amealhou, ao contrário do seu, não lhe causa nenhum desconforto, porque não é sustentado pelos ombros, mas sim, pelo coração."

Ricardo esperou que Joaquim continuasse a história, mas como o velho permanecesse em silêncio, questionou:

— E o resto?

— Não tem resto. Esta é toda a história.

— Ah, então ela não tem graça alguma!

— Por que o senhor acha isto?

— Porque, se o fazendeiro fosse eu, e não esse idiota da sua história, eu diria: "Amigo, então já passou da hora de abrirmos uma agência bancária neste lugar!"

Ricardo disse isto e foi acometido de um acesso de riso tão forte, que quase se engasgou com o café.

Joaquim ficou irritado e pensou em falar uns desaforos para ele, mas no momento em que ia começar a destratá-lo, viu que Joel estava no cômodo contíguo, também rindo a valer.

— Qual é a graça, Joel? – perguntou mentalmente ao Espírito. – Conto uma história séria, dando um bom exemplo, e vocês pensam que é piada?

— Calma, Joaquim! – respondeu Joel, ainda rindo. – Não importa como o Ricardo encarou a sua história. Afinal, preso aos interesses materiais como se encontra, ele não está preparado para entender os valores das coisas do Espírito.

— E por que me inspiraram e me deixaram contar isso a ele? Estou me sentindo ridículo.

— Joaquim – acalmou-o Joel, tentando conter o riso. – Nada neste mundo acontece por acaso. Você precisa confiar mais nas suas intuições. Sabe há quanto tempo o Ricardo não dava uma gargalhada tão espontânea?

— Não faço a menor ideia, mas do jeito que ele é mal-humorado...

— Há mais de vinte anos, meu amigo! Desde a infância que ele não se sentia assim. Nesse caso, não importam os meios, você acabou de conquistá-lo. Ele não vai mais lhe perturbar e você continuará desenvolvendo o seu trabalho aqui na cabana. Isto é o que importa, não é?

Notando a sobriedade no semblante de Joaquim, Ricardo finalmente parou de rir e levantou-se.

— Preciso ir agora, seu Joaquim. Obrigado pelo cafezinho... Estava mesmo muito gostoso!

— Espere! – chamou Joaquim. – Ainda não conversamos sobre aquele assunto...

— Sobre aquele assunto... – respondeu Ricardo, enquanto caminhava apressado em direção à montaria. Saltou sobre a cela, olhou para o velho que o encarava numa grande expectativa, esboçou um sorriso e completou:

— ...Esqueça aquele assunto!

E saiu a galope, deixando Joaquim na companhia de Joel, que voltara a rir.

— Ainda rindo, Joel? Afinal a história é assim tão engraçada? – questionou o médium.

— A história não é engraçada, Joaquim. Ela tem uma mensagem interessantíssima, mas é tudo uma questão de ponto de vista. Uma pessoa espiritualmente bem desenvolvida terá nela uma grande lição, mas um materialista como o Ricardo não poderá nunca admitir a seriedade da mensagem, senão entra em conflito com os seus próprios interesses e, a partir daí, não saberá mais que rumo tomar na vida.

E confortou Joaquim:

— Sossegue, meu amigo! Você provou que, além de médium, é um excelente contador de causos! – brincou.

Carma

Capítulo 10

No plano espiritual, Alzira já havia se recuperado bem do sofrimento imposto ao seu corpo material nos últimos anos de sua estadia na Terra, graças à abnegação com que se entregara ao ato de remissão e ao tratamento recebido na colônia de recuperação onde passara a receber atendimento logo após o seu desencarne.

No entanto, estava muito preocupada com as atitudes equivocadas do filho, que dava sequência à sua caminhada errônea na vida material, passando por cima de tudo e de todos que contrariassem os seus interesses.

Um dia, tendo solicitado esclarecimentos, foi informada sobre o porquê de terem se encontrado na última existência terrena e o motivo da animosidade entre ele e o pai.

Juvêncio e Alzira haviam sido irmãos em sua penúltima encarnação, seus nomes eram Lúcio e Teresa. Ele trabalhava numa fábrica têxtil, cujo proprietário era Ricardo, que à época se chamava Leopoldo.

Inconformado com a pobreza em que vivia e sendo bastante inescrupuloso, Lúcio arquitetou um plano para arrancar dinheiro do patrão.

O plano era chantagear Leopoldo, usando Teresa, à época, pouco mais que uma adolescente, para atingir os seus infaustos objetivos.

Numa noite em que se dirigia para casa, num trecho bastante ermo da estrada, Leopoldo viu o corpo de uma mocinha caído no acostamento. Suspeitando tratar-se de uma vítima de atropelamento, parou sua charrete e correu para socorrê-la. Quando a tomou nos braços, a moça, com o vestido rasgado, o corpo seminu, começou a gritar, pedindo socorro. Lúcio apareceu estrategicamente naquele exato momento, em companhia de dois amigos:

— O que está acontecendo aqui? – gritou.

— Não sei! – respondeu a irmã, chorando muito. – Eu estava voltando da escola, torci o pé e tive que andar bem devagarzinho, com isso a noite me alcançou ainda a caminho de casa...

Emitindo profundos soluços, tomou fôlego e prosseguiu:

— ...Eu estava assustada, com muito medo... De repente, ouvi um barulho e tentei correr para o mato, tentando me esconder, mas antes de alcançar o matagal, fui atacada por trás. Deram-me uma pancada na cabeça que me fez desmaiar. Quando recobrei o sentido este homem estava me apertando em seus braços.

— Não foi nada disso! – retrucou Leopoldo. – Eu a vi caída. Só quis ajudá-la...

— Então foi por isso que você demorou, minha irmãzinha...

Continuou Lúcio com a farsa, abraçando Teresa, sem dar qualquer atenção às explicações de Leopoldo. E continuou:

— ...Eu estava muito preocupado com você. Quando cheguei em casa e não a encontrei, fiquei apreensivo. Quando percebi que já estava escurecendo e você não retornava, chamei estes dois vizinhos para virmos procurá-la.

Como a noite estivesse bastante escura, Lúcio, com uma lanterna, iluminou o rosto de Leopoldo, que já havia sido agarrado pelos dois amigos do malandro. Encarando o patrão, fingiu surpresa.

— O quê? Então é o senhor que está aqui? O senhor é um maníaco que gosta de atacar mocinhas indefesas, é?

— Eu já disse que não fiz nada! – respondeu Leopoldo, apavorado. – Eu só quis socorrê-la...

— Diga isto à polícia, meu senhor! Diga isto à imprensa e à sua esposa.

— Pelo amor de Deus! Eu sou inocente! – e, virando-se para Teresa: – Por favor, diga a eles que eu não fiz nada.

A menina, que, bem orientada pelo irmão, não parava de chorar um segundo sequer, respondeu:

— Como posso defender o senhor? Fui atacada pelas costas e quando acordei estava no seu colo. Não havia mais ninguém por perto e, se o meu irmão não tivesse aparecido, sei lá que tipo de maldade o senhor iria me fazer! Quero vê-lo preso, porque assim sei que outras moças não serão atacadas.

Os amigos de Lúcio, que também estavam sendo enganados e acreditaram na farsa, ficaram muito revoltados e começaram a agredir Leopoldo, mas Lúcio os conteve.

— Não batam nele, vamos levá-lo à polícia.

— Que nada! Vamos acabar com este pilantra aqui mesmo. – sugeriu um deles.

— É, vamos linchar este maníaco! – acrescentou o outro.

Consciente da grande enrascada em que se metera, Leopoldo caiu na cilada.

— Está bem! Sei que vocês estão acreditando na história da moça e acredito também que ela me julgue culpado e, apesar de ser inocente, proponho uma maneira pacífica de resolvermos a questão. Eu tenho algum dinheiro, posso ajudá-los...

— Você está propondo comprar a honra da minha irmãzinha? – gritou Lúcio.

— Não! Eu não a desonrei e jamais faria isso! O problema é que sou um homem público, minha esposa é muito doente, não posso me expor desta forma. Se eu for preso, ou se me lincharem, vocês não terão nada a ganhar, mas se esquecerem o que aconteceu, prometo que saberei recompensá-los.

E foi desta forma que Lúcio passou a explorar Leopoldo, financeiramente. Mas as chantagens eram tão abusivas e tão frequentes que o empresário começou a desconfiar de ter sido vítima de uma armação. Além disso, estava em dificuldades, pois andava gastando uma fortuna com o tratamento médico de sua esposa, a quem amava muito e não admitia a possibilidade de perder.

Um dia, cansado de ser explorado pelo chantagista, Leopoldo disse a Lúcio que não lhe daria mais nem um centavo.

Sentindo-se desafiado, o malandro não pensou duas vezes. Levou a irmã à imprensa e inventou uma história bastante convincente sobre aquele incidente, com o inquestionável e, de certo modo, honesto testemunho dos dois vizinhos que haviam presenciado a ocorrência.

Matérias sensacionalistas, com o intuito de vender jornais, foram estampadas com grandes manchetes, fotos do empresário e insinuações maledicentes que destruíram completamente a sua reputação.

Os adversários comerciais de Leopoldo adoraram o escândalo e, prevendo vantagens futuras sem a sua concorrência, não economizaram munição contra ele.

Um inquérito policial foi aberto e Eurídice, a esposa adoentada, que há muito tempo vinha agonizando, piorou com o desgosto e, mesmo acreditando piamente na inocência do marido, faleceu pouco tempo depois de tomar conhecimento do ocorrido.

Ao ver Leopoldo completamente desconsolado, momentos antes de desencarnar, Eurídice o encarou ternamente, com seus olhos tristes e sussurrou, com o fio de voz que ainda lhe restava:

— Não fique assim, meu amor! Deus está vendo tudo isto e sabe que você é inocente. O que importa é a justiça divina e ela não falhará. Seja forte, não se deixe abater... Reaja... Reaja, meu amor!

Mas o apelo de Eurídice não ajudou muito, já que Leopoldo estava completamente desorientado. Abatido e, agora, sem a presença física da esposa para lhe amparar, vendeu os negócios por uma bagatela e abandonou a cidade.

Leopoldo viveu alguns anos perambulando pelas estradas; andarilho errante, sem pouso certo. Gastou até o último centavo que possuía, principalmente com bebidas alcoólicas, pois acabou se entregando ao vício.

Dessa forma, tornou-se uma presa fácil para os Espíritos obsessores que dele se acercaram, incentivando-o a remoer os mais amargos sentimentos de revolta e autopiedade.

Aos poucos, foram vampirizando as energias que lhe restavam, arrebatando qualquer resquício de sensatez que, arraigado em sua consciência, ainda teimasse em chamá-lo à razão. Fizeram-no refutar todas as boas inspirações que, enviadas por seu Espírito protetor, pudessem resgatá-lo do horrendo precipício que se abria vertiginosamente a sua frente.

Sem forças para reagir e sem vontade de romper o cordão umbilical que passou a mantê-lo ligado às más interferências dos Espíritos inferiores, foi-lhes acatando todas as vontades.

Assim, num dia chuvoso, Leopoldo foi conduzido por seus acompanhantes espirituais a um lugarejo estranho. A essas alturas, ele não era mais nem a sombra do homem que fora no passado. Era um farrapo humano que se arrastava pela vida; cabelos desgrenhados, barba enorme, descalço, roupas em frangalhos, olhos cozidos pelo álcool. Tornara-se um fantoche manipulado pelas vontades dos maus Espíritos.

Entrou no primeiro bar que encontrou. Seus obsessores estavam sedentos. Apalpou os bolsos, encontrou uma moeda, fruto de uma esmola que ganhara de uma velhinha na noite anterior. Estendeu-a ao balconista, com seus dedos inchados, suas unhas enormes e sujas. O rapaz pegou a moeda com nojo, despejou a bebida num copo de plástico e, prendendo as narinas com os dedos, apontou a rua.

— Vá beber lá fora. Você está fedendo, homem!

Nem precisaria ter mandado. Leopoldo já se habituara àquele tratamento. Saiu resignado, embora, incentivado pelos Espíritos viciados que o comandavam, intimamente xingasse os mais obscenos palavrões.

Sorveu a bebida aos poucos, dividindo-a, sem notar, com os companheiros invisíveis que o subjugavam.

A chuva engrossou. Leopoldo procurou um lugar para se abrigar. Tentou voltar para o bar, mas foi barrado na porta. Do outro lado da rua havia uma loja fechada com uma marquise convidativa.

Estava se dirigindo para lá, atravessando a rua com seus passos cambaleantes, cego pelos pingos grossos da chuva que lhe chicoteavam o rosto, enleado pela confusão de vozes que se emaranhavam em seu cérebro. Umas xingando o dono do boteco que o expulsara, incentivando-o a apedrejar o estabelecimento, outras o provocando, chamando-o de derrotado, de covarde...

De repente, um caminhão surgiu em meio à cortina d'água que despencava torrencialmente. Os frequentadores do bar ouviram o ruído da freada, o estrondo da pancada e o baque surdo do corpo de Leopoldo sendo arremessado ao solo. O desencarne foi imediato e brutal.

— Liga não! – disseram ao motorista. – Era só um mendigo bêbado, que estava perturbando.

Seu corpo foi enterrado como indigente, já que não portava documentos e ninguém na cidade o conhecia.

Desencarnado, Leopoldo padeceu por um tempo, perdido em meio às trevas do Umbral, em companhia daqueles mesmos viciados que o acompanhavam enquanto encarnado.

Junto àquela tenebrosa legião, andou vagando pela crosta terrestre, sem sequer ter consciência da morte do seu corpo físico. Seguiu vampirizando alcoólatras encarnados, mantendo a aparência desleixada de mendigo andarilho, com seu corpo esfacelado, um dos braços arrancado, o outro preso apenas por umas tiras de pele.

Mantinha abertas suas feridas purulentas, sustentando o vício adquirido por sua natureza fraca, por sua falta de fé e de perspectiva.

O Pedido

Capítulo 11

Um dia, cansado de tudo aquilo, Leopoldo sentiu falta de coisas melhores. Começou a abrir os olhos para o caos em que se metera. Percebeu que estava desencarnado e esta percepção lhe trouxe renovado alento. Ora, se a vida continuara mesmo depois de ele ter sido destroçado num atropelamento, então havia uma nova chance. Se havia remédio para um mal tão grave, então, deveria haver remédio para todos os outros males.

Sua consciência estava, finalmente, sendo chamada à razão, devido às constantes orações que Eurídice, o grande amor de sua vida, em perfeito equilíbrio no plano espiritual desde o seu desencarne, vinha fazendo por ele.

Desta forma, Leopoldo acabou pedindo auxílio e foi resgatado do Umbral pelos socorristas que o conduziram a uma colônia de recuperação. Ali, foi submetido a um longo período de tratamento.

No entanto, a reparação precisava ser feita. Teresa que, com o passar dos anos arrependera-se amargamente do crime cometido e passara toda a vida implorando perdão por seu erro, consumindo-se diuturnamente em doloroso remorso, ao desencarnar, ficou aliviada em saber que teria a chance do resgate, tornando-se mãe de Leopoldo, em futura experiência terrena.

Foi avisada de que não seria nada fácil, pois, possivelmente, o filho, que reencarnaria com muita revolta, causar-lhe-ia grandes aborrecimentos.

Mas Teresa, de imediato aceitou a missão. Reencarnou como Alzira, filha de um fazendeiro e casou-se com Lúcio; agora Juvêncio, empregado que se tornou capataz da fazenda de seu pai. Foi assim que Leopoldo veio à Terra, como Ricardo, filho das pessoas responsáveis por sua desgraça na existência anterior.

Era a grande chance oferecida por Deus para a reconciliação entre aqueles Espíritos endividados.

Com Alzira – que havia passado pelo mesmo sofrimento físico de Eurídice, como parte do resgate de seu carma – até que a convivência não foi ruim, mas Juvêncio, o mentor intelectual de sua derrocada e que, de certo modo nunca se arrependera verdadeiramente de sua atitude, embora sendo seu pai carnal, inspirava em Ricardo os piores sentimentos.

Agora, desencarnada, Alzira se preocupava demais, pois sabia que nem Ricardo nem Juvêncio fariam qualquer esforço para curar a profunda ferida que, ao mesmo tempo, os aproximava e repelia.

Entendia, finalmente, que o que levava Ricardo a ambicionar tanto os bens materiais administrados pelo pai era, inconscientemente, uma espécie de desforra dos acontecimentos do passado e que aquele comportamento agressivo com o qual conduzia os negócios na atualidade, funcionava como uma substancial couraça a protegê-lo de sua natureza pacífica, sobre a qual a maldade de Juvêncio havia tripudiado noutra existência, levando-o à derrocada moral, ao vício e à perdição.

A situação era bastante complexa, pois, ignorando o seu grave erro, protegido que estava pela lei do esquecimento, Juvêncio apenas se via, agora, como uma inocente vítima de um filho inescrupuloso e cruel que se comprazia em humilhá-lo e contra o qual lançava os pensamentos mais desafortunados.

Ricardo, tendo voluntariamente adormecido em si a sua natureza benevolente, devido ao trauma do passado, estava comprometendo imensamente a sua elevação espiritual.

Ambos estavam fadados a um sofrimento ainda maior que aquele que os afligiam momentaneamente. Estavam se condenando a um padecimento imensurável após o desencarne, pois só então compreenderiam terem desperdiçado a grande oportunidade oferecida para a reconciliação.

Alzira se lembrou de que uma vez, enquanto encarnada, perguntara a Joaquim:

— Se eu fiz algum mal ao meu filho em outra vida, Deus não seria mais justo se me permitisse lembrar desse fato? Desta forma eu não poderia compreender melhor os acontecimentos e ser mais tolerante para com ele?

Joaquim, com seu jeito sempre tranquilo, apanhou na estante *O Livro dos Espíritos*, folheou-o por alguns segundos, deixando no ar um silêncio expectante. Depois olhou para Alzira e disse-lhe com sua voz terna:

— Deus é sinônimo de bondade, perfeição e justiça, dona Alzira, e tudo o que Ele faz tem o seu porquê. Vou ler uma pergunta muito parecida com a que a senhora me fez, e que está na questão 393 deste maravilhoso livro que Allan Kardec nos deixou:

"Como pode o homem ser responsável por atos e resgatar faltas das quais não se recorda? Como pode aproveitar-se da experiência adquirida em existências que caíram no esquecimento? Seria concebível que as tribulações da vida fossem para ele uma lição, se pudesse lembrar-se daquilo que as atraiu, mas desde que não se recorda, cada existência é para ele como se fosse a primeira, e é assim que ele está sempre a recomeçar. Como conciliar isto com a justiça de Deus?".

— É exatamente isto que estou querendo saber. – disse Alzira, curiosa, espichando o pescoço sobre o livro.

— A resposta é a seguinte: "A cada nova existência o homem tem mais inteligência e pode melhor distinguir o bem e o mal. Onde estaria o seu mérito se ele se recordasse de todo o passado? Quando o Espírito entra na sua vida de origem (a vida espírita) toda a sua vida passada se desenrola diante dele; vê as faltas cometidas e que são causa do seu sofrimento, bem como aquilo que poderia tê-lo impedido de cometê-las; compreende a justiça da posição que lhe é dada e procura então a existência necessária a reparar a que acaba de escoar-se. Procura provas semelhantes àquelas por que passou, ou as lutas que acredita apropriadas ao seu adiantamento e pede aos Espíritos que lhe são superiores para o ajudarem na nova tarefa a empreender, porque sabe que o Espírito que lhe será dado por guia nessa nova existência procurará fazê-lo reparar suas faltas, dando-lhe uma espécie de intuição das que ele cometeu. Essa mesma intuição é o pensamento, o desejo criminoso que frequentemente vos assalta e ao qual resistis instintivamente, atribuindo a vossa resistência, na maioria das vezes, aos princípios que recebestes de vossos pais enquanto é a voz da consciência que vos fala e essa voz é a recordação do passado, voz que vos adverte para não cairdes nas faltas anteriormente cometidas. Nessa nova existência, se o Espírito sofrer as suas provas com coragem e souber resistir, eleva-se a si próprio e ascenderá na hierarquia dos Espíritos, quando voltar para o meio deles."

— Não sei se compreendi muito bem... – comentou a mulher.

— Dona Alzira, que mérito teria um aluno que tirasse boa nota numa prova, se o professor permitisse que ele, ao invés de procurar as respostas no aprendizado contido em sua memória, simplesmente as copiassem do livro de estudos? A comparação pode não ser das melhores, mas é mais ou menos assim. Cada encarnação funciona para o Espírito como um novo estágio em seu aprendizado. Os Espíritos aplicados acumularão conhecimentos e se aperfeiçoarão cada vez mais, colocando em prática o que de melhor aprenderam, ao passo que os menos devotados, aqueles que tratarem com desdém as lições obtidas, ficarão atrasados, como os alunos que não se dedicam aos estudos.

E Joaquim explicou, pacientemente, acrescentando:

— A cada reencarnação, mais o homem aprende sobre o bem e o mal e melhor consegue distinguir uma coisa da outra. Suas ações são, cada vez mais, submetidas ao crivo de sua consciência. Deus é muito mais que um professor exigente, Ele é um pai paciente que nos dá todas as chances de aprendermos verdadeiramente e não de apenas fingirmos que aprendemos. A voz que nos fala à consciência, induzindo-nos ao caminho do bem é a grande prova do imenso amor que Ele nos devota. Ela nada mais é do que o Espírito-guia que nos orienta ao longo da vida, através das boas sugestões, aconselhando-nos sempre a evitar as más ações, é um presente maravilhoso pelo qual nos compete agradecer e ao qual devemos estar sempre atentos.

Vendo que Alzira o encarava com atenção, Joaquim prosseguiu:

— Se agirmos de acordo com as orientações espirituais recebidas por meio desta voz interior, não estaremos contraindo dívidas cármicas com ninguém, pois a ninguém faremos maldades. Resgataremos nossas faltas anteriores, já que a todos perdoaremos e amaremos indistintamente, não importando o que as pessoas tenham representado para nós em outras existências.

— Se seguirmos nossos bons instintos... – balbuciou Alzira.

— Isto, dona Alzira! Se seguirmos nossos bons instintos e colocarmos em prática os ensinamentos de Jesus, se nos conscientizarmos de que não viemos à Terra em companhia desta ou daquela pessoa por um simples capricho do destino, mas porque existem faltas a serem resgatadas, começaremos a praticar o amor e o perdão dentro de nossos lares e, depois, iremos estendendo essa prática universalmente, até atingirmos um grau de perfeição que nos permitirá dizer, um dia, sem constrangimento algum: eu sou filho de Deus e amo o meu próximo como a mim mesmo!

Alzira, agora em Espírito, contemplando o Universo em toda a sua plenitude, enquanto recordava-se desta maravilhosa lição, percebeu o quanto são mesquinhos os interesses materiais, pelos quais a maioria dos homens se desgasta e se perde na vida terrena. Uma vez mais não conseguiu evitar a preocupação com Juvêncio e Ricardo.

— Eu preciso ajudá-los! Permita-me ajudá-los! – implorou a Deus.

Reparação

Capítulo 12

Na fazenda dos Trajano as coisas iam de mal a pior. Juvêncio, completamente alijado do trabalho, anulado pela inflexibilidade de Ricardo, entregou-se ao alcoolismo. Era o grande carrossel da vida dando as suas voltas, ininterruptamente. Os papéis se invertendo. Vítima e algoz se confrontando alternadamente, num incessante acúmulo de ofensas e revoltas.

O alcoolismo foi a forma que, tanto um quanto o outro encontrou para fugir dos problemas. Ricardo o fizera no passado para fugir dos olhares de reprovação de quem o condenava, para não pensar na terrível injustiça da qual estava sendo vítima. Juvêncio o fazia agora para não pensar na maldade que o filho lhe fazia, ao inutilizá-lo daquela forma tão humilhante. Fazia-o para não ouvir as lamentações das vítimas da ganância de Ricardo que vinham se queixar com ele, sem que o velho fazendeiro, desprovido de seus poderes, pudesse fazer qualquer coisa.

E isso o matava aos poucos, pois estava sendo atacado no seu amor-próprio e o sentimento de orgulho ferido não lhe dava um minuto sequer de trégua.

Ricardo passou a ignorar completamente a existência do pai. Era como se ele nunca tivesse existido. E, se lhe dirigisse, por vezes, algumas palavras, era somente com o intuito de ofendê-lo e humilhá-lo.

Enquanto Juvêncio tornara-se um bêbado inútil, a perambular pela casa feito um zumbi; a dormir embriagado, sob a sombra das árvores; a repetir frases desconexas com sua língua mole e seu hálito azedo, Ricardo apegava-se com afinco aos empreendimentos financeiros.

Construiu um alambique, uma fábrica de laticínios, curtumes e moendas. Aumentou imensamente o rebanho de reses e conquistou respeito, medo e notoriedade em toda aquela região.

Um dia, com os cabelos já se tingindo de branco, Ricardo partiu em viagem de negócios a uma cidade vizinha. Ali conheceu Mariana, uma jovem muito bonita, filha de um granjeiro, e ficou encantado com a moça.

O acontecimento o pegou de surpresa, pois nunca fizera parte dos seus planos qualquer envolvimento amoroso. Ricardo nunca levara adiante qualquer relacionamento a dois, vivendo apenas de curtas e inconsequentes aventuras românticas.

Mas, ao botar os olhos em Mariana, pareceu embriagar-se na candidez de seus olhos infinitamente azuis, que lembravam a abóbada celeste de uma manhã ensolarada. Foi como se nunca tivesse visto outra mulher em toda a sua vida. Como se uma força indomável provocasse uma tormenta indescritível em seu interior. Um misto de insegurança e de euforia o envolveu completamente.

Acostumado a resolver todos os seus negócios de modo prático, sentiu-se apequenado quando a pediu em namoro. Ainda assim, fingiu praticidade:

— Não sou homem de meias palavras – disse a ela, tentando impor um tom de segurança à voz. – Gostei de você e desejo me casar. Se você quiser é só dizer "sim!"; se não quiser é "adeus!" e me vou.

Mas estava com as pernas trêmulas e o coração aos saltos, morrendo de medo de ouvir um "não!" como resposta.

Ricardo era considerado um ótimo partido e, apesar do seu jeito rude, moças não faltavam que vivessem suspirando por ele e que fizessem qualquer coisa para o levarem ao altar. Mariana correspondera aos sentimentos dele e, assim como Ricardo, também se sentira extremamente atraída desde o primeiro momento que o vira.

O namoro durou pouco tempo. O casamento aconteceu logo e Mariana foi morar na fazenda.

A convivência entre Juvêncio e a nora, no início foi meio tumultuada. Juvêncio achava que teria de suportar mais um inimigo dentro de casa e andou de implicâncias com a moça. Achava que, por ter se casado com Ricardo, Mariana deveria ter o mesmo coração duro do filho. Mas, aos poucos, foi percebendo que estava completamente enganado e mudou de atitude.

Mariana era terna, culta, delicada e atenciosa. E, mesmo contra a vontade de Ricardo, passou a cuidar do sogro, a dispensar-lhe toda a atenção possível, a ouvir os seus queixumes com bastante paciência e bom humor.

Em companhia da nora, Juvêncio recuperou em parte a autoestima e afastou-se um pouco da garrafa de aguardente.

Nasceu, entre ambos, uma amizade sincera, um relacionamento que em tudo lembrava um convívio carinhoso entre pai e filha. Envelhecido mais que o normal, devido às contrariedades, Juvêncio passava os dias emudecido, deitado numa rede instalada na varanda ou sobre uma velha cadeira de balanço; olhar perdido no horizonte e um semblante apático que só se avivava quando a nora sentava-se ao seu lado, com um inseparável cestinho de tricô.

— Que cara é essa, seu Juvêncio? Parece que andou chupando limão!

O sogro sorria timidamente e a moça passava horas e horas puxando conversa com ele.

Quando Mariana estava prestes a engravidar, foi permitido a Alzira reencarnar como sua filha. Extremamente emocionada com a nova oportunidade, agradeceu a Deus e começou a se preparar para a nova encarnação, com a ajuda de um orientador.

— Muito obrigada pela ajuda! – agradeceu a Jonas, o mentor que a estava orientando para a nova tarefa.

— Você merece, Alzira. Seu comportamento tem sido muito bom.

— Estou um pouco apreensiva, Jonas. Não tenho certeza se o que estou fazendo servirá, de fato, para ajudar Juvêncio e Ricardo.

— Não se preocupe com este detalhe, Alzira. De um modo ou de outro, o que tiver que acontecer, acontecerá, independentemente da sua vontade. O que importa é que você está fazendo a sua parte. O resto fica a critério do livre-arbítrio de cada um deles.

Alzira olhou seriamente para o seu orientador.

— Responda-me uma coisa, Jonas, se você puder, é claro. Mariana é quem eu estou pensando que seja?

— Sim. Posso responder, porque você vai esquecer a nossa conversa assim que reencarnar. Você está certíssima, Mariana é a reencarnação de Eurídice.

— Que bom! – vibrou Alzira.

— Por que você acha que Ricardo, sendo materialista como é, foi se apaixonar e constituir família, já em idade tão madura? – perguntou Jonas. – Na atual e equivocada visão que ele tem, acredita que os bons sentimentos enfraquecem o homem. Por isso, somente um amor verdadeiro como o que une os dois, seria capaz de convencê-lo a se casar. O casamento arrefeceu um pouco a rudeza do coração dele e, além disso, permitiu a sua reencarnação no seio familiar.

— Mais uma prova do infinito amor de Deus, que não coloca somente os adversários em nossos caminhos, não é?

— Exatamente! – concordou Jonas, sorrindo. – Graças à bondade de Deus, entre os nossos familiares reencarnam também leais amigos e grandes amores.

— Mas, Eurídice foi também vítima do meu erro e de Juvêncio, por que ela o trata tão bem? E o que garante que não me rejeitará como sua filha? – questionou Alzira.

— Não há garantia alguma de nada, minha amiga! Quando se trata de livre-arbítrio, cada um faz o que bem quer com a oportunidade que Deus lhe concede de progredir. No entanto, apesar de vítima, Mariana – ou Eurídice, se preferir – não guardou rancor em seu coração. Ela é uma aluna bastante adiantada na escola da vida e sabe, apesar do esquecimento imposto pela matéria, que um erro jamais consertará outro.

E Jonas esmiuçou a explicação:

— Os Espíritos mais evoluídos, mesmo que sintam, enquanto encarnados, alguma repulsa por alguém, não fazem qualquer mal a essa pessoa. Pressentem que há algo de errado, mas sabem, também, que não caberá a eles cobrar reparação, mas sim à justiça divina. Os Espíritos evoluídos, mesmo encarnados, têm consciência de que justamente aquelas pessoas que inspiram maus presságios, são as que mais necessitam de compreensão e perdão. Como disse Jesus: "Se o amor do próximo é o princípio da caridade, amar aos inimigos é a sua aplicação sublime, porque essa virtude constitui uma das maiores vitórias conquistadas sobre o egoísmo e o orgulho."

E foi assim que, um ano e meio após o casamento, Mariana dava à luz Ana Carolina, motivo de imensa alegria para o coração de Ricardo que, desde que desposara a filha do granjeiro, já não mais andava tão endurecido.

Ao ver o rostinho delicado da filha, pela primeira vez na vida, o fazendeiro quase chegou às lágrimas e precisou sair rapidamente do quarto para, segundo o seu entendimento, não dar sinal de fraqueza.

Ele tinha a nítida sensação de já conhecer aquele serzinho que o olhava com os olhinhos ainda baços, desacostumados com a luz do dia.

Também para Juvêncio, o nascimento da netinha foi motivo de muita emoção.

— Pegue-a no colo, meu sogro! – instigou Mariana, percebendo os olhos marejados de Juvêncio.

— Não me atrevo, Mariana! Tenho medo de quebrá-la com minha falta de jeito! – respondeu ele, brincando com as diminutas mãozinhas da neta.

Eles não tinham como saber, mas era Alzira que ali estava, como um verdadeiro anjinho enviado pelo Céu, para ajudá-los a reencontrar o caminho da concórdia.

E foi desse modo que, sem ter a menor noção do que estava acontecendo, Ricardo passou a viver ao lado das duas mulheres que mais o amavam.

O Incêndio

Capítulo 13

Há muito tempo, Argemiro andava irritado com a ausência de aventuras. A vida para ele estava muito monótona desde que Ricardo se casara e se tornara pai. Arruaceiro e cruel, o jagunço juntara-se a ele na época em que Ricardo, completamente transtornado, vivia aprontando suas maldades, com que Argemiro muito se divertia.

O bandoleiro, que, em sua vida desregrada, já havia, antes de conhecer Ricardo, assassinado três homens e surrado outros tantos, era muito mal assessorado espiritualmente. De suas três vítimas fatais, dois andavam obsedando-o e arrumando todo o tipo de encrenca para ele. Possuíam a mesma natureza embrutecida de seu assassino e por isso não o largavam, fazendo-o atolar-se cada vez mais no lodaçal de vícios e perdição que ele próprio criara à sua volta.

O outro, por ser de boa índole e que fora assassinado apenas por tentar defender um amigo a quem Argemiro estava agredindo, nem pensou na possibilidade de vingança. Ao desencarnar e ter noção do que havia ocorrido, em vez de se deixar levar pelo ódio e pelo desejo de vingança, solicitou ajuda aos bons Espíritos e foi conduzido a tratamento e aos estudos, preocupado tão somente com a sua elevação espiritual, certo de que a maldade de Argemiro não ficaria impune, mas que não cabia a ele cobrar aquela dívida.

Por outro lado, Argemiro possuía, também, uns "amigos" espirituais que se afinavam com ele. Eram assassinos, beberrões, drogados e vários tipos de viciados que se serviam dos vícios do jagunço para o vampirizarem.

Assim, quanto mais perdido Argemiro andava, mais eles se compraziam de sua companhia. Um dia, bebendo e jogando num bar, Argemiro se queixou aos outros jagunços.

— O Coronel está muito molenga para o meu gosto. Estou sentindo falta de aventuras. Faz muito tempo que a gente não põe fogo numa casa. Queria sapecar aquele velho da cabana, mas o Coronel recuou. Mandou deixar aquele sujeito atrevido em paz.

— O velho Joaquim não faz mal a ninguém – respondeu outro. – Além disso, não vai durar muito tempo mais. Daqui a pouco bate as botas e acabou-se.

— E daí? Vai ficar parecendo que todo mundo aqui é maricas. O Coronel nos mandou lá; nós fomos, mandamos o velho sair, ele nos desafiou e ficou por isso mesmo. – rosnou o jagunço, dando um soco na mesa.

— Melhor esquecer este assunto.

— Esquecer? Esquecer nada! Eu vou preparar uma bela surpresa para aquele mandingueiro, vocês vão ver só.

— Veja lá o que vai fazer. O Coronel pode não gostar...

Argemiro puxou o outro pelo colarinho.

— Veja lá, por quê? Você vai comprar a briga? – disse, cuspindo no rosto do homem que se encolheu todo.

— Desculpa! Falei por falar... Esquece...

E Argemiro o empurrou, derrubando-o da cadeira e dando uma tremenda gargalhada, enquanto lhe chutava as pernas.

— Levanta, seu molenga! Caindo de maduro, é?

Seus companheiros invisíveis também gargalhavam, imitando o tombo do infeliz.

Naquela mesma tarde, Joel encarregou Joaquim de executar uma importante tarefa.

— Vá à casa de dona Geralda. Ela está precisando muito de sua ajuda. – disse-lhe o Espírito.

— Joel, eu estou muito cansado, labutei na lavoura o dia todo, sob sol quente. Dona Geralda mora a mais de uma légua daqui. Não chegarei lá antes do anoitecer, por isso vou descansar e deixarei para ir amanhã bem cedo.

— Amanhã, Joaquim, por mais cedo que você vá, será muito tarde.

— Olha aqui, Joel! – irritou-se Joaquim. – É muito fácil para você, que não sente o peso de uma carcaça velha e desgastada feito a minha e que pode ficar volitando por aí, dizer: "Joaquim, vá ali! Joaquim, vá lá! Joaquim, vá não sei mais aonde..."

— Nossa, Joaquim! Que mau humor! Você está ficando ranzinza com a idade. Vamos fazer o seguinte, eu lhe dei um recado muito importante e você decide o que quer fazer, está bem? Mas, depois não venha se queixar.

— Pois já está decidido, Joel. Eu vou amanhã bem cedo.

Meia hora depois, munido de seu embornal de ervas, Joaquim seguia em direção à casa de dona

Geralda, ainda resmungando com Joel. Quando lá chegou, já havia anoitecido a um bom tempo.

Dona Geralda era uma velha parteira, com quase um século de vida. Ela morava com uma filha viúva e três netos.

— Que bom recebê-lo, Joaquim. Que bons ventos o trazem aqui?

— Vim por sua causa.

— Por minha causa?

— Sim. A senhora não está doente?

— Tirando meu velho reumatismo e as cataratas que praticamente já me cegaram há anos, de resto, estou bem.

— Tem certeza?

Dona Geralda conhecia Joaquim desde a infância e sabia das suas faculdades mediúnicas e por isso se preocupou. Com os olhos arregalados, pediu com voz suplicante:

— Joaquim, se você quer me dizer alguma coisa, diga logo, homem de Deus!

E o médium percebeu que havia falado demais. Coçou a longa barba.

— Esqueça, dona Geralda. O cansaço me deixou meio confuso. Posso pernoitar aqui?

— É claro que sim. Ou você acha que eu vou lhe deixar fazer uma caminhada dessas a esta hora da noite?

Joaquim jantou com a família de dona Geralda e deitou-se, porém mal conseguiu pregar os olhos, pois ficou aguardando o momento em que a velha desse o alarme de alguma anomalia.

Naquela madrugada, com a cabeça cheia de aguardente e completamente dominado por seus maus companheiros espirituais, Argemiro, ao sair do bar, não foi para o alojamento dos peões. Passou antes pela cabana do Joaquim.

Tudo era silêncio àquela hora, apenas um ventinho frio soprava suavemente, provocando um cicio brando entre os ramos das árvores. Um fiapo de lua mal iluminava a paisagem quando o vulto de um cavaleiro aproximou-se da porteira.

Uma coruja piou entre o arvoredo. O vulto saltou do cavalo, correu em direção ao casebre e acocorou-se rente à parede. Argemiro teve a impressão de ouvir, lá dentro, os roncos de Joaquim, que, segundo pensou, deveria estar dormindo a sono solto àquelas alturas. Sorriu com sarcasmo ao imaginar o corpo carbonizado do velho que o desafiara tempos atrás.

— É mais uma alma que mando para o coisa-ruim! – comentou consigo mesmo. – Estou aumentando meu crédito com o diabo.

Poucos minutos depois, cavalo e cavaleiro se distanciavam a galope pelo campo, enquanto labaredas impiedosas consumiam a cabana inteiramente.

Na casa de dona Geralda, a noite transcorreu normalmente, sem qualquer sobressalto que quebrasse a harmonia do ambiente.

No dia seguinte, Joaquim, que quase não havia dormido, levantou bem cedinho, sentindo o forte aroma do café que estava sendo coado. Ao chegar à cozinha, deparou-se com a velha parteira fritando uns bolinhos de mandioca.

— Bom dia, Joaquim! Você não está pensando que eu vou lhe deixar ir embora antes do desjejum, está?

Cinzas

Capítulo 14

Joaquim fez a caminhada de volta revoltado com o Joel. Por que o havia enganado daquele jeito? Que teria feito de errado para merecer um castigo daqueles?

Mas, ao chegar em casa obteve a resposta que o deixou constrangido por ter duvidado da fidelidade de seu amigo espiritual. Da velha cabana restara apenas um amontoado de cinzas, de onde ainda saía uma fumaça espessa e negra.

Ao pedir que Joaquim fosse à casa de Geralda, Joel o livrara de ser devorado pelas chamas juntamente com o casebre. Mas tudo estava perdido!

Joaquim se sentou, desconsolado, tentando aclarar as ideias. Teria sido obra do Coronel Trajano? Mas ele garantira, anos atrás que não lhe faria mal e, realmente, nunca mais o importunara. Poderia ter sido acidental. Mesmo assim, decidiu procurar Ricardo Trajano.

Ao chegar à casa da fazenda, deparou-se com Mariana que, sentada à varanda, alimentava a pequena Ana, em seu colo. Era a primeira vez que os dois se viam.

Observando aquele velhinho, de barbas longas e cabeleira branca, que se aproximava, com seu embornal de couro a tiracolo, amparado por uma bengala rudimentar, Mariana não pôde deixar de compará-lo, mentalmente, à figura de Papai Noel e achou graça de seu aspecto um tanto diferente.

— Bom dia, senhora! – cumprimentou Joaquim, tirando o chapéu.

— Bom dia! – respondeu Mariana, com cordialidade. – O que o senhor deseja?

— Falar com o Coronel, se for possível!

— Infelizmente, não será possível. Meu marido viajou a negócios e só volta amanhã.

— Está bem, senhora. Então eu volto amanhã. Muito obrigado!

Quando Joaquim ia se retirando, Mariana, intrigada com a excentricidade de sua aparência e a cortesia de seus modos, chamou-o de volta.

— Senhor! Posso ajudá-lo em alguma coisa? Está precisando de algo?

— Na verdade, eu só vim mesmo falar com o seu esposo, mas se a senhora puder me arranjar um pouco de água...

— Claro! Entre e sente-se um pouco aqui na sombra. O sol está muito quente.

Joaquim sentou-se numa cadeira e ficou contemplando, com um sorriso ingênuo, a pequenina que brincava no colo da mãe. Desde que colocara os olhinhos em Joaquim, a pequena não os desviava por nada. Sorria brandamente para ele, expondo suas gengivas rosadas, onde alguns dentinhos brancos começavam a despontar.

A pedido de Mariana, Luzia, uma adolescente serviçal da casa, trouxe a água. Ao ver o médium, o cumprimentou efusivamente. Luzia era assídua frequentadora de suas reuniões e, quando criança, havia sido tratada por ele de uma grave bronquite. Devotava grande consideração pelo velho.

— Bom dia, seu Joaquim! Como vai o senhor?

— Como Deus permite, minha filha!

— O senhor é o famoso Joaquim da Cabana? – perguntou Mariana entre surpresa e curiosa.

— Dona...

— Mariana, meu nome é Mariana.

— Dona Mariana, de fato sou o Joaquim da Cabana, mas não sou famoso e, sinceramente, não gostaria de sê-lo.

— O senhor é que pensa! Já ouvi muita coisa a seu respeito e, olha, que só coisas boas, viu? Sei, inclusive, que minha sogra o estimava muito.

— Ah, a dona Alzira! – suspirou Joaquim. – Ela me ajudou bastante.

— Ajudou? De que forma?

— Dona Mariana, infelizmente há muita gente necessitada, neste mundo. Gente que precisa de alimento, de remédios, de roupas... Mas, principalmente, há muita gente que precisa de esclarecimento espiritual e de muito amor fraterno. Na medida do possível, venho tentando ajudar essas pessoas. Ao longo dos anos, tenho obtido alguns poucos voluntários que me auxiliam no atendimento. Dona Alzira foi uma voluntária de inestimável serventia.

— Puxa vida, seu Joaquim! O senhor não sabe como fico feliz em saber que a mãe do Ricardo era tão prestimosa. Eu gostaria muito de conhecer o trabalho do senhor.

— Infelizmente, tão cedo não será possível, dona Mariana. Vim aqui justamente para falar com o seu marido sobre um assunto muito desagradável.

E Joaquim contou a ela sobre o incêndio na cabana.

— Quis a divina graça que eu não tivesse pernoitado em casa, senão teria virado cinza, juntamente com todos os meus pertences – concluiu.

— Garanto ao senhor, seu Joaquim, que meu marido nada teve com isso. Eu já ouvi falar das maldades que ele andou aprontando, enquanto solteiro. Seu coração ainda está um pouco endurecido, mas não a ponto de fazê-lo faltar com sua palavra.

— Acredito na senhora, dona Mariana, só queria me certificar. Afinal, o pedacinho de terra que eu ocupo, pertence à fazenda de vocês, pois embora tenha sido doada pelo avô do seu marido ao meu pai, foi só um compromisso verbal. Nada foi documentado e, de qualquer modo, só terá importância enquanto eu estiver vivo, já que não há herdeiros nem herança. Aliás, dona Mariana, eu mesmo só continuo morando ali, devido ao atendimento aos necessitados. Eles se acostumaram, pois são muitos anos de amparo...

— Pois tenha certeza, seu Joaquim, de que assim que meu marido retornar da viagem, vou falar com ele e nós vamos ajudá-lo. Aliás, como lhe disse, gostaria muito de conhecer o seu trabalho e, se o senhor me permitir, gostaria de dar continuidade às atividades da minha sogra.

— Será de muita importância, dona Mariana. Estou vendo que a senhora é um Espírito bastante evoluído e, entendo, agora, porque o Coronel mudou um pouco os seus conceitos e decidiu casar-se depois de tê-la conhecido.

— Obrigada, seu Joaquim. Mas diga-me uma coisa, o senhor tem onde ficar?

— Dona Mariana, graças a Deus o que não me falta é lugar para me proteger do sereno. Vou ficar na casa de meus sobrinhos, por enquanto.

Atraído pelo rumor da conversa, Juvêncio assomou à janela. Estava abatido, sua fisionomia era como uma máscara de tristeza e mágoa. Joaquim o cumprimentou sorrindo e o velho apenas meneou a cabeça preguiçosamente, retornando para o interior da casa.

— Quanta infelicidade! — comentou Mariana.

— Eu conheço esta pendenga desde os tempos em que seu marido era menino, dona Mariana. Eu não sei detalhar para a senhora, porque o plano espiritual não nos dá as chaves de todas as fechaduras, mas se a senhora me permite dizer, sem querer ofender ninguém, tudo isto é por causa da incapacidade de perdoar.

— Será?

— Com toda a certeza. Seu Juvêncio andou atrapalhando a vida do Coronel numa outra encarnação e precisou voltar como pai dele para reparar o erro. O problema, ao que parece, é que não veio muito convicto de fazê-lo, ou se assumiu este compromisso, esqueceu-se completamente.

Mariana o encarou entre curiosa e intrigada. Joaquim completou:

— Por outro lado, o seu Ricardo não conseguiu perdoar, por isso não conseguiu amar e respeitar o seu Juvêncio como pai. Desta forma, continuam se encarando como inimigos, já que preservaram em si, embora inconscientemente, o mesmo sentimento de repulsa que, de certo modo, os colocou novamente juntos na Terra, sob o mesmo teto.

— Que coisa interessante, seu Joaquim! Fale mais sobre isto, por favor! – pediu Mariana, acomodando-se na cadeira, enquanto Luiza lhes servia café.

Joaquim tirou de seu embornal o inseparável *O Evangelho segundo o Espiritismo*.

— Há aqui, no item 8, do Capítulo V, uma passagem que explica bem isso, dona Mariana:

"As tribulações da vida podem ser impostas aos Espíritos endurecidos, ou demasiado ignorantes para fazerem uma escolha consciente, mas são livremente escolhidas e aceitas pelos Espíritos arrependidos, que querem reparar o mal que fizeram e tentar fazer melhor. Assim é aquele que, tendo feito mal a sua tarefa, pede para recomeçá-la, a fim de não perder as vantagens do seu trabalho. Essas tribulações, portanto, são ao mesmo tempo expiações do passado, que castigam, e provas para o futuro, que preparam. Rendamos graças a Deus que, na sua bondade, concede aos homens a faculdade de reparação, e não os condena irremediavelmente pela primeira falta".

— Então, eles não encararam o atual parentesco como oportunidade de reparação de suas faltas?

— Exatamente. Pelo menos, ainda não. Quando os homens não têm a capacidade de encarar os desafios impostos pela vida tão somente como degraus a serem galgados em direção ao seu próprio aperfeiçoamento, deixam o orgulho falar mais alto e se jogam uns contra os outros. Em nome de interesses egoísticos, a humanidade vem se confrontando desde as eras mais primitivas. A necessidade de uma constante demonstração de força e poder vem gerando sucessivas guerras e disputas, onde só há espaço para a dor, o ódio e a perdição. É uma clara manifestação de atraso na evolução humana, incapaz de contemplar vencedores, pois, ao final, todos saem derrotados.

— Mas, seu Joaquim, digamos que de fato o seu Juvêncio tenha prejudicado o Ricardo. Quem deve reparação é o pai. Onde está o erro do filho?

— Juntamente com a oportunidade da reparação, está a oportunidade de se praticar o perdão, dona Mariana. Jesus disse para perdoarmos, não sete vezes, mas setenta vezes sete; ou seja, sempre! Erra, tanto quem ofende, quanto quem nega o perdão. A incapacidade de perdoar e a cobrança da reparação a quem nos ofendeu pela imposição do sofrimento e da humilhação, não vai servir para nada, apenas nos colocará na condição de algozes. Os papéis se invertem, mas o carma continua e continuará existindo até o momento em que ambos verdadeiramente se perdoem.

Mariana estava impressionada com o sentido que tudo aquilo lhe fazia. Notando o interesse da esposa de Ricardo pelo assunto, Joaquim continuou:

— Para que haja o perdão é necessária a renúncia a todos esses sentimentos mesquinhos que norteiam a existência de grande parte da humanidade, dentre os quais se destacam enormemente o egoísmo e o orgulho. Perdoar é ser superior. Perdoar é ser misericordioso e, como disse Jesus: "Bem-aventurados os misericordiosos porque eles alcançarão misericórdia". O perdão é uma importante manifestação de caridade; a caridade moral, uma das que mais exigem amor e desprendimento para se concretizar.

E Joaquim, após abençoar a pequena Ana que continuava a lhe sorrir, foi embora, com seu jeito todo peculiar, deixando Mariana imersa naqueles novos pensamentos que haviam sido inseridos em sua mente.

Doação

Capítulo 15

Quando Ricardo retornava de suas viagens, a casa ficava em festa. Ele enchia todos os cômodos de energia com seu vozeirão rouco. Abraçava e beijava Mariana efusivamente, depois, pegava Aninha no colo e fazia inúmeras brincadeiras para vê-la dar suas meigas gargalhadas.

Na tarde seguinte, quando o marido voltou da viagem, Mariana, ainda muito impressionada com a conversa que tivera com Joaquim, chamou Ricardo e contou-lhe o que havia ocorrido.

— Então, puseram fogo na cabana do velho? – perguntou ele.

— Ele não sabe se puseram, ou se foi acidente.

— Não foi acidente, Mariana, e eu sei quem fez isto.

— Sabe?

— Só pode ter sido obra do Argemiro. Ele ficou inconformado quando eu decidi deixar o velho lá. Na época precisei ser duro com ele e o sujeito fingiu acatar minha decisão, mas no fundo não se deu por vencido. De vez em quando soltava umas piadinhas, tentando me fazer mudar de ideia. Agora, certamente, aproveitou minha ausência na fazenda para fazer o que bem queria.

— O que você vai fazer?

— Pela desobediência, vou demiti-lo imediatamente. Não aceito insubordinação de empregado.

— Mas, e com relação ao seu Joaquim?

— Ora, não vou fazer nada! Não botei fogo na casa de ninguém. Ele que a reconstrua se puder, ou que vá embora de vez e desocupe o terreno.

Mariana olhou bem nos olhos do marido, com toda a ternura de sua alma.

— Ricardo, você conhece o importante trabalho beneficente que ele vem desenvolvendo há muitos anos naquele lugar? Você sabe que ele já salvou a vida de muitos doentes e que dona Alzira foi uma voluntária que o ajudou muito? Você sabe que muitas pessoas recorrem a ele para tratarem, não só de doenças, mas, à vezes, até mesmo para matarem a fome?

Ricardo teve um ímpeto de indignação. Mariana estava fazendo o mesmo discurso que seus pais haviam feito no passado, com aquela mania de quererem ser "o bom samaritano".

Teve vontade de mandá-la às favas. Não iria se envolver com os problemas alheios, afinal já tinha os seus em boa quantidade. Tentou conter ao máximo o tom de voz para não ofendê-la.

— É, estou vendo que este mandingueiro exerce um grande poder sobre as mulheres desta casa. O que você quer que eu faça, Mariana?

— Quero que o ajude a reconstruir a cabana e a readquirir tudo o que o fogo destruiu, por favor!

— De jeito nenhum! Se este homem decidiu ser tão benevolente com esses molambentos é problema dele. Eu não vou dar esmolas a ninguém. Dou dinheiro a quem trabalha e produz para mim, não a essa gente preguiçosa, que vive parasitando, à sombra dos outros e, muito menos, a um tolo que insiste em dividir o nada que possui.

— São pessoas necessitadas, Ricardo, a quem a vida não deu oportunidades.

— Oportunidades a gente cria! Não vê no meu caso? Se esta fazenda tivesse ficado por conta do velho Juvêncio, já teria se arruinado. O que fiz? Ampliei! Investi! Diversifiquei! O resultado? Muita produção! Muito lucro! Ascensão social! Poder, meu amor! Muito poder!

— Mas você recebeu uma herança...

— E daí? Se não tivesse recebido, ficaria rico do mesmo jeito, porque não vim a este mundo para passar dificuldades; vim para trabalhar duro, mas não para dividir o fruto do meu trabalho com vagabundos.

Mariana se aproximou do marido, acariciou-lhe o rosto, abraçou-o carinhosamente, encarou-o com seus belíssimos olhos azuis e falou baixinho:

— Oh, meu querido! Quanto tempo você ainda vai levar para aprender?

E a luminosidade de sua compreensão tinha o poder de abrandar as trevas da ignorância que o marido insistia em cultivar em seu interior. Mariana sentia que o coração de Ricardo era generoso, apenas estava encarcerado numa couraça moldada pela contrariedade, mas tinha certeza de que, cedo ou tarde, o gelo se quebraria e o marido acabaria se mostrando como verdadeiramente era, com toda a extensão de sua generosidade e de seu imenso amor pelo próximo.

No dia seguinte, Mariana reuniu umas economias que lhe pertenciam e pediu a Luzia que as entregasse a Joaquim em nome de Ricardo.

— Não posso aceitar! – disse Joaquim ao ver o maço de notas que a mocinha lhe estendia.

— Tenho ordens expressas de não retornar com este dinheiro, seu Joaquim. Por favor, aceite-o! – insistiu Luzia.

O velho médium estava relutante, mas lembrou-se do sofrimento estampado nos rostos dos necessitados que, mesmo com o casebre destruído, continuavam a procurá-lo diariamente.

Pensou nos jovens que a ele recorriam em busca de estudos e esclarecimentos. Recordou-se, também, das palavras que uma vez Joel lhe dissera sobre o egoísmo que, muitas vezes, o orgulho insere no coração dos homens, impedindo-os de, por meio da boa ação de terceiros, auxiliarem àqueles que verdadeiramente necessitam.

Finalmente acedeu:

— Diga à dona Mariana que Deus a ajude! Sei que a iniciativa foi dela e não do Coronel. Ele ainda não está pronto para entender a importância do nosso trabalho.

Reconstrução

Capítulo 16

Com o material para a reconstrução da cabana adquirido, um mutirão foi organizado pelos amigos de Joaquim e o velho casebre ganhou novos ares, sendo reerguido em pouquíssimo tempo.

Dois meses depois, a nova cabana já estava de pé; o antigo "laboratório" voltara a produzir suas infusões; novos livros para os estudos haviam sido adquiridos e os atendimentos prosseguiam normalmente sob a sombra do espesso bambuzal.

No primeiro encontro, após o reinício dos trabalhos, Joaquim recebeu, com imensa alegria, a visita de Mariana que, acompanhada por Luzia e Aninha, ajuntara-se à pequena plateia, com cerca de vinte assistentes que ali se encontrava.

Joaquim leu para o grupo, o item 6 do capítulo XV de *O Evangelho segundo o Espiritismo*, "A caridade segundo São Paulo":

"Se eu falar as línguas dos homens e dos anjos, e não tiver caridade, sou como o metal que soa, ou como o sino que tine. E se eu tiver o dom da profecia, e conhecer todos os mistérios, e quanto se pode saber; e se tiver toda a fé, até ao ponto de transportar montes, e não tiver caridade, não sou nada. E se eu distribuir todos os meus bens em o sustento dos pobres, e se entregar o meu corpo para ser queimado, se todavia não tiver caridade, nada disto me aproveita. A caridade é paciente, é benigna; a caridade não é invejosa, não obra temerária nem precipitadamente, não se ensoberbece, não é ambiciosa, não busca os seus próprios interesses, não se irrita, não suspeita mal, não folga com a injustiça, mas folga com a verdade. Tudo tolera, tudo crê, tudo espera, tudo sofre. A caridade nunca jamais há de acabar, ou deixem de ter lugar as profecias, ou cessem as línguas, ou seja abolida a ciência."

— "Agora, pois, permanecem a fé, a esperança e a caridade, estas três virtudes; porém a maior delas é a caridade". Paulo, Coríntios, 13:1-7 e 13.

E, após a leitura, fez uma explanação sobre o tema.

— ...Se os homens cuidassem menos de seus sentimentos egoísticos e procurassem amparar mais aos seus irmãos, a Terra seria um lugar bem mais civilizado e as nossas expiações não seriam tão duras como são. Haveria bem menos misérias, doenças, pragas e, consequentemente, a desnecessidade das guerras, dos conflitos entre pessoas e nações, pois tudo apontaria para uma só direção: a fraternidade. O egoísmo e o orgulho são a rota da perdição; o caminho que leva o homem no sentido contrário de Deus, pois tais sentimentos colocam cada indivíduo numa redoma inviolável, onde ele tenta acumular a maior quantidade possível de benefícios e fecha os olhos para os que sucumbem a sua volta, incapaz que é de compreender o quanto esta maneira de proceder o faz chafurdar no lodaçal inevitável do atraso de sua evolução.

Joaquim silenciou por uns segundos, convidando as pessoas à reflexão. Depois prosseguiu:

— A caridade, a doação sincera e altruísta de nossos mais caros valores, libertam-nos da mesquinhez e nos torna grandes e nobres aos olhos do Criador. Quanto mais nos distanciamos do egoísmo, mais nos aproximamos do Pai celestial, pois é Ele que nos concede todos os dons, esperando que os revertamos em favor dos nossos semelhantes. E, quando falamos em doação de benefícios, não estamos tratando de valores materiais, não! Esses podem até ajudar momentaneamente, mas não são os mais importantes. Falamos das doações morais; falamos de bons sentimentos, de abnegação e renúncia. Falamos em cuidarmos dos nossos irmãos necessitados de amparos espirituais, de compreensão, de alívio às suas dores mais funestas; falamos de esclarecimentos e encaminhamentos para a direção do bem, de amor no mais puro e genuíno sentido desta sublime palavra. Feliz o homem cuja fé seja forte o bastante a fim de permiti-lo negar-se a si mesmo, tomar a sua cruz e seguir os mandamentos de Jesus Cristo!

Naquela inesquecível tarde de domingo, Mariana, contemplando o cansado rosto do velho médium, notou nele uma luminosidade toda especial.

— Obrigada pelos ensinamentos, seu Joaquim! – disse-lhe, antes de ir embora.

— Obrigado por ter vindo, dona Mariana! Apareça sempre que desejar.

Joel, que o tempo todo estava ao lado de Joaquim, comentou bem-humorado, por vê-lo empolgado com a retomada dos trabalhos:

— O que não mata, fortalece, meu amigo!

— É verdade, Joel. Sinto que saímos desta situação adversa bem mais fortalecidos, graças a Deus!

Mas, Joaquim estava inquieto e desabafou com o amigo espiritual:

— No momento que eu beijei a mão da dona Mariana, na hora em que ela se despediu, tive um mau pressentimento, Joel. Será que eu estou certo ou seria apenas uma sugestão infeliz?

— Você percebeu, é? Ainda bem que ela é forte, Joaquim! Pois sua família vai enfrentar uma verdadeira tormenta dentro de algum tempo. Muitas vezes, o sofrimento é o único remédio para a cura de certos males. Um remédio bastante amargo, porém, invariavelmente, eficaz.

— Que Deus, em sua infinita misericórdia, não os desampare! – desejou Joaquim de todo coração.

Remorso

Capítulo 17

O atendimento na cabana de Joaquim ganhou projeção e, não raro, apareciam pessoas de cidades distantes para consultá-lo; inclusive gente famosa, como políticos e artistas.

A todos, o médium recebia com carinho, mas sem oferecer o menor privilégio para quem quer que fosse. O seu terno sorriso, a sua palavra de conforto e a bênção de sua mediunidade serviam tanto para o rico famoso, quanto para o indigente maltrapilho.

Dessa forma, muitos foram beneficiados pela humilde, porém eficaz sabedoria de sua alma nobre. A maioria, no entanto, em busca de complexos tratamentos para os seus males, necessitavam apenas de um sábio conselho. Palavras simples e objetivas que lhes abrissem os olhos e mostrassem claramente o que antes parecia intrincado e obscuro. Tais limitações de raciocínio, tais cegueiras espirituais eram, quase sempre, impostas pela maldade de Espíritos obsessores, com o intuito de maltratarem as suas vítimas.

Um desses exemplos foi o caso de uma senhora magra, de semblante amargo, que, durante uma exposição de Joaquim sobre o tema: Laços de Família, num pranto convulsivo, começou a repetir em voz alta:

— Por que fiz aquilo? Por que fiz aquilo, meu Deus? Perdoa-me, Senhor! Perdoa-me, por favor!

A custo, foi contida pela amiga que a havia levado à reunião.

Ao término dos atendimentos, esta senhora foi apresentada a Joaquim. Chamava-se Dolores e viajara um dia inteiro para conhecer o trabalho do médium.

— Disseram-me que o senhor pode me ajudar, seu Joaquim. Eu estou ficando louca!

— Calma, dona Dolores! Tenha mais fé! Creia na compaixão do nosso Pai celestial! Afinal de contas, o que a aflige tanto assim?

E, numa entrevista particular, contou a Joaquim uma triste história, ocorrida há três décadas. História que transtornou completamente a vida daquela mulher que passou, desde então, a se consumir, irremediavelmente, nas garras de um remorso insuportável.

Dolores, quando jovem, trabalhara numa lavanderia e dividira, com uma colega de trabalho, o aluguel de uma pequena casa num bairro suburbano de uma cidade grande. Durante dois anos moraram juntas, mas a amiga arrumou um namorado e foi viver com ele.

Dolores ficou sozinha e, de certo modo, até gostou. Finalmente gozaria a privacidade total do seu humilde recanto. O aluguel era barato e o salário que ela ganhava cobria perfeitamente bem todas as despesas e até sobrava um dinheirinho para, de vez em quando, mandar para os pais idosos, que viviam numa condição de extrema pobreza no interior.

Era uma moça bem organizada, equilibrada e poderia se dizer feliz. Porém, havia um problema com ela: apesar de bonita e jovem, estava sozinha há anos. Nas três vezes em que tentara manter um relacionamento estável, decepcionara-se. Era incrível, mas só se envolvia com homens viciados, irresponsáveis e preguiçosos.

Por fim, chegara à conclusão de que deveria mesmo ficar sozinha. Mas seu coração vivia aos sobressaltos, em busca de calor humano.

Naquela manhã de domingo, ela estava muito curiosa. Depois de alguns meses fechada, a casa defronte voltava a abrigar inquilino. O caminhão chegara bem cedo. Os móveis tinham sido descarregados rapidamente e o trabalho lá dentro parecia interminável. O *toc-toc* das marteladas misturava-se às músicas românticas tocadas num aparelho de som.

De vigília, na janela entreaberta, a moça notou quando um homem saiu à porta, contemplou a rua por uns segundos e voltou para o interior da casa.

Inexplicavelmente, seu coração disparou diante daquela visão.

Dolores ficou inquieta. Na verdade, nem o achara tão bonito, mas estava bastante impressionada com a aparência dele.

— Deve ser esta minha triste carência! – comentou consigo mesma, lembrando-se dos amores fracassados que vivera até então.

Uma semana depois, conheceu o novo vizinho, num bar próximo dali.

Chamava-se Rubem, era dez anos mais velho que Dolores e possuía uma pequena marcenaria, onde fabricava móveis e utensílios domésticos.

Beberam juntos e lamentaram suas mágoas, reciprocamente.

Falador e muito simpático, Rubem se declarou solitário. Havia acabado de se separar da esposa, com quem tinha três filhos. Estava carente, precisando de colo. Dolores sorriu de contentamento. Ambos se achavam no mesmo barco.

O envolvimento foi inevitável. Naquela mesma noite dormiram juntos na casa dela. E nas noites seguintes também.

Inicialmente, o relacionamento foi muito bom para ambos, mas aos poucos, Rubem foi ficando arredio; espaçou as visitas à casa da amante e passou claramente a evitá-la. Dolores percebeu o esfriamento do companheiro, ao mesmo tempo em que começou a sentir enjoos matinais. Estava grávida.

Um dia, cercou Rubem quando este retornava do trabalho e lhe disse que precisavam conversar. O homem inventou um compromisso, disse estar com pressa. Então, Dolores mostrou a ele o resultado do exame de gravidez. Rubem levou um susto, ficou histérico; acusou-a de não ter se precavido por estar mal intencionada e terminou a conversa com uma ordem taxativa:

— Você vai ter que abortar essa criança. Eu não quero ter filhos com ninguém. Muito menos com uma mulher que eu, mal tendo conhecido, já levei para a cama.

Dolores ficou revoltadíssima e, muito mais por picardia do que por convicção, decidiu, naquele exato momento, que levaria a gravidez até o final, nem que fosse para infernizar a vida do irresponsável.

Uma semana depois, um caminhão encostou de madrugada na casa do Rubem e levou embora toda a mobília. Dolores, que acordara com o barulho, ficou observando da fresta da janela, chorando de tristeza e de revolta.

Um forte sentimento, misto de amor, ciúme e ódio, incorporou-se de tal modo às suas entranhas, que a moça passou a viver unicamente em função daquilo.

Andou investigando a vida do Rubem. Descobriu seu local de trabalho, passou a sondá-lo, na esperança de que ele mudasse de ideia, mas acabou descobrindo, atônita, que o pai do seu filho voltara a conviver com a ex-esposa.

Desistiu da investida. Engoliu a ofensa.

Durante todo o período da gestação, Dolores se manteve arredia, caseira e com muito ódio no coração. Mas, quando o bebê veio ao mundo, numa ensolarada manhã de primavera, ela já não cultivava na alma um mínimo resquício de mágoa ou infelicidade.

Foi unicamente de alegria que as lágrimas lhe banharam o rosto, quando ouviu o choro estridente do bebezinho frágil e rosado, que a enfermeira fez aconchegar-se em seu seio. Naquele instante, tomou a decisão: daria ao menino o mesmo nome do pai. O pequenino chamar-se-ia Rubem, mas seria educado de modo diferente. Aprenderia a ter responsabilidades e a assumir a autoria de suas ações.

Dois meses após o nascimento do bebê, Dolores teve uma grande surpresa. Num início de noite, Rubem pai bateu-lhe à porta. Vinha com cara de arrependimento e trazia uma sacola de mantimentos. Soubera do parto e preocupara-se, afinal era filho dele. Estavam precisando de alguma coisa? Poderia ver a criança?

O primeiro pensamento de Dolores foi mandá-lo embora, mas Rubem a olhava com tanta serenidade, falava com tanta doçura, que ela se deixou afrouxar. Permitiu que ele entrasse e pegasse o pequenino no colo. A cena era tão bonita, que a moça mal pôde conter as lágrimas teimosas que lhe escorriam pela face. Mais uma vez, a carência afetiva falando mais alto.

Jantaram juntos. Conversaram longamente. Ele explicou que a reconciliação com a esposa não funcionara. Pediu mil perdões pela atitude irresponsável e acabou ficando para dormir.

De madrugada, o bebê começou a chorar. Dolores tirou-o do berço e o agasalhou em seus braços, temendo acordar o amante que ressonava. Quando a criança se aquietou, colocou-a na cama, ao lado de Rubem, e foi preparar a mamadeira.

A ação não levou pouco mais que um minuto, tempo suficiente para a tragédia. Quando retornou para o quarto, Dolores deu um grito de terror. Rubem, com seus quase noventa quilos, havia rolado para cima do bebê e o amassara com seu corpanzil. O pequenino nem conseguira chorar, pois fora sufocado completamente.

Com o grito de Dolores, Rubem apavorou-se. Não havia nada mais a fazer. O pequenino estava roxo. Achatado. Morto.

— Você matou nosso filhinho! – gritava Dolores, desesperada, em prantos, sacolejando aquela massinha disforme com seus braços trêmulos.

Rubem caiu de joelhos. Jurou que não tivera a intenção de matar a criança, pois estava dormindo. Pediu à mulher que não contasse o ocorrido à polícia, que o inocentasse, que nunca mais a abandonaria, que teriam outros filhos...

Foi tão convincente em seu apelo, que Dolores nunca esclareceu o caso a ninguém. Guardou para si, unicamente, aquele terrível segredo, tornando-se cúmplice do provável assassinato do próprio filho.

Entretanto, a nova relação durou pouco mais de um mês. Rubem saiu um dia para trabalhar e nunca mais voltou. Quando o procurou na marcenaria, Dolores descobriu que esta havia sido vendida. Rubem deixara a cidade, segundo soube mais tarde, com a ex-esposa e os filhos. Não dissera a ninguém para onde estava indo.

Adoção

Capítulo 18

Decorridos trinta anos, Dolores, sem saber se fato verídico ou se devaneio de sua mente debilitada, continuava ouvindo, nas horas silenciosas da madrugada, o choro triste e intermitente do seu bebezinho.

Ao terminar a narrativa, estava com os olhos marejados.

— Disseram-me que o senhor tem o poder de evocar o Espírito do meu filhinho para que eu possa pedir perdão a ele e, desta forma, me livrar da maldição de sua vingança. Não suporto mais ouvir o seu choro todas as madrugadas, me assombrando, exigindo justiça.

Disse isto e ficou olhando para Joaquim, apreensiva, aguardando ansiosamente a sua resposta.

— Dona Dolores! – respondeu o médium, após alguns segundos de reflexão. – Há muito equívoco em suas palavras quando a senhora fala em evocação, vingança e maldição, mas nem vou entrar nesse mérito, pois trata-se tão somente de falta de esclarecimentos e para isso, felizmente, há cura. Quanto à sua história, não atiro pedras em ninguém, uma vez que reconheço as minhas próprias fraquezas. Portanto, não espere nenhum julgamento de minha parte e muito menos a receita de uma sentença que sirva para a total remissão dos seus pecados, pois ao homem não é concedida essa faculdade.

Fez uma pausa, dando ênfase às palavras e continuou:

— O que posso lhe assegurar, de modo imparcial e sensato, é que embora todo mal exija uma reparação, a consumição pelo remorso não serve para nada, a não ser para imputar-lhe um sofrimento inútil e, possivelmente, para arrastar-lhe à direção de outros erros ainda mais graves, que trarão sofrimentos muito piores do que os atuais. É bem possível que o Espírito que habitava o corpinho do Rubem já esteja reencarnado.

Ao ouvir isto, Dolores o encarou com os olhos marejados.

— Reencarnado? – questionou, soluçando.

— Exatamente! Este choro que a senhora continua ouvindo é, possivelmente, fruto da manifestação maligna de Espíritos inferiores que se divertem com o seu padecimento e que pretendem levá-la à loucura, ao suicídio, talvez.

— Oh, meu Deus...

— Se a senhora quer começar a se redimir do seu erro e se livrar de todos os males que se lhe acometem, trabalhe, dona Dolores! Ajude os menos afortunados, entregue-se de corpo e alma a um serviço beneficente. Asilos, orfanatos e instituições filantrópicas não faltam neste planeta de provas e expiações que necessitam de corações caridosos e mãos dedicadas à seara do amor fraternal. Agarre-se ao Evangelho, submeta-se amorosamente aos ensinamentos de Jesus Cristo, ponha-os em prática; faça da sua vida um constante ofertório de paz, amor e esperança, transforme a sua tristeza em redenção, fazendo dela um bálsamo de alento àqueles que imploram pelo mínimo e nada têm.

Dolores o encarou perplexa. Por mais simples que parecessem aquelas dicas, ela nunca havia pensado daquele modo. De repente, começou a notar a inutilidade da sua existência. Como pudera ser tão distraída?

Notando que suas palavras estavam sendo absorvidas pela mulher, Joaquim a despediu sorridente:

— Vá em paz, dona Dolores! Faça o que estou lhe aconselhando e a senhora verá sua vida se transformar completamente. Mas faça logo, pois a senhora já deixou trinta anos da sua existência se escoarem inutilmente. Se precisar voltar aqui, esteja à vontade!

Um ano depois, Joaquim recebeu a notícia de que Dolores estava trabalhando como voluntária num orfanato dedicado a crianças especiais e que adotara a Doutrina Espírita como nova rota em sua vida.

Uma nova luz voltara a brilhar naquela alma obscura que, durante três décadas sustentara o martírio de uma cruz que, apesar de imensamente pesada, em nada a ajudara, pois não servira para o seu adiantamento espiritual e nem se revertera em benefícios para quem quer fosse.

Três décadas desperdiçadas, apenas alimentando o sarcasmo dos obsessores que a manipulavam, impelindo-a na direção de um terrível precipício.

O conhecimento da Doutrina desvendou-lhe os olhos. Mostrou-lhe a direção a seguir, restabeleceu-lhe, de certo modo, a paz interior, o equilíbrio mental. Convidou-a ao serviço.

Dolores fez ainda mais; adotou uma menina de 8 anos, cuja mãe havia abandonado naquele orfanato quando recém-nascida. Chamava-se Aline e era portadora de deficiência mental. Era necessário, portanto, uma mente sã o bastante para ampará-la e Dolores, para ficar com a menina, teve que cuidar de sua própria sanidade, mantendo-se diuturnamente lúcida e saudável.

Entre as duas brotou um imenso amor e a pequena Aline encheu de alegria e encantamento o modesto e antes sombrio lar da sua benfeitora

— Então, mesmo sem saber, dona Dolores já está se redimindo com relação ao filho, não é, Joel? – perguntou Joaquim ao Espírito.

—Você está ficando impossível, Joaquim! Como soube que Aline é a reencarnação do Rubem filho?

—Apenas desconfiei e você acabou de me confirmar. Estou pensando uma coisa, Joel, se a dona Dolores tivesse continuado se consumindo em remorsos ao invés de arregaçar as mangas e partir para o trabalho, então...

— ...Então, Joaquim, muito provavelmente acabaria desencarnando louca ou até se suicidando, sem ter-se dado a chance do reencontro com o filho ainda nesta existência, o que certamente agravaria em muito o seu carma e obrigatoriamente imporia a ela uma encarnação muito mais dolorosa do que a atual.

Joaquim abriu *O Evangelho segundo o Espiritismo* e leu o item 14 do Capítulo V:

"A calma e a resignação adquiridas na maneira de encarar a vida terrena, e a fé no futuro, dão ao Espírito uma serenidade que é o melhor preservativo da loucura e do suicídio. Com efeito, a maior parte dos casos de loucura são provocados pelas vicissitudes que o homem não tem forças de suportar. Se, portanto, graças à maneira por que o Espiritismo o faz encarar as coisas mundanas, ele recebe com indiferença, e até mesmo com alegria, os revezes e as decepções que em outras circunstâncias o levariam ao desespero, é evidente que essa força, que o eleva acima dos acontecimentos, preserva a sua razão dos abalos que o poderiam perturbar".

— Exatamente! – disse Joel. – A calma e a resignação devem ser aplicadas também nos casos de arrependimento pelas faltas cometidas. A loucura e o suicídio só agravarão o erro, ampliando, sobremodo, o ônus do resgate, ao passo que o trabalho caridoso, embora não sendo o suficiente para a total reparação das faltas graves, com certeza abrandará o peso desta reparação.

— Estava pensando no Rubem pai. Por onde andará?

— Pelo jeito, é uma pessoa de natureza fraca e, assim como os pais da Aline, terá que prestar contas de suas faltas. Só espero que, a exemplo de Dolores, todos eles tenham a oportunidade de se esclarecer e de começarem a repará-las desde já, para que as suas penas futuras não sejam tão dolorosas – disse Joel.

A Cilada

Capítulo 19

Todo final de mês, Ricardo retirava do banco uma boa quantia em dinheiro para efetuar o pagamento dos empregados da fazenda e de suas diversas empresas. Apesar das inúmeras advertências do gerente do banco sobre o risco que corria, por falta de segurança, o Coronel, destemido e teimoso, transportava o dinheiro preso à cela de seu cavalo, dentro de uma sacola de couro.

Antes, fazia o trajeto acompanhado de meia dúzia de jagunços. Agora não. Demitira Argemiro, após o episódio do incêndio e, juntamente com ele, outros três camaradas que não lhe inspiravam muita confiança.

Naquela manhã, iam Ricardo e apenas os dois capangas que restaram, transportando a sacola com o dinheiro.

Ricardo estava se sentindo tão bem, tão em paz com a vida, com Mariana, com a filhinha, que não podia sequer imaginar que algo de ruim viesse a lhe ocorrer. Fazia planos para o futuro; imaginava Aninha crescida, ajudando Mariana a cuidar dos outros filhos que certamente ainda teriam. Dentre eles, o varão que viria substituí-lo, ampliar as posses da fazenda, herdar o seu nome, a sua notoriedade, o seu poder.

Ricardo interpretava de modo bastante equivocado as circunstâncias pelas quais Mariana havia surgido em sua vida. Era para auxiliá-lo na recuperação moral que foi concedido a Eurídice estar ao lado dele nesta encarnação, a fim de envolvê-lo com as suas qualidades fraternas, convidando-o a um mergulho nos nobres sentimentos enraizados em sua natureza.

Mas a rudeza que se lhe incrustara na alma, sob o efeito traumático da última encarnação fazia-o ver as coisas por outro prisma. Ricardo achava que, se o destino lhe presenteara com uma esposa tão especial, estava comprovado que se tratava de merecimento. Ora, então a sua vida estava corretíssima; se não estivesse, não seria contemplado com uma prenda tão maravilhosa, pensava ele.

E suas convicções tornaram-se mais firmes depois do nascimento de Aninha. Uma esposa exemplar, uma filha linda e saudável; quantos homens que se dizem de caráter ilibado podem se gabar de haver merecido tamanha graça?, perguntava-se Ricardo e sorria por dentro; o peito intumescido pelo orgulho, a vaidade dominando-o inteiramente, incutindo-lhe uma confortável sensação de poder.

Com esta certeza, em vez de contagiar-se com os bons conceitos da esposa, tentava, ao contrário, convencê-la a mudá-los, a encarar a vida com mais severidade. Em todas as oportunidades procurava, inutilmente, mostrar que ele é que estava certo em sua maneira de conduzir a vida e que os sentimentalismos de Mariana a tornavam demasiadamente incauta diante da maldade alheia.

Este comportamento impetuoso de Ricardo realmente o protegera até aquele momento. Contrariamente à época em que, encarnado como Leopoldo, fora explorado e destruído pela ambição de Lúcio, não havia conhecido em toda a sua vida atual um único homem com coragem suficiente para desafiá-lo. Todos o temiam.

Entretanto, por iniciativa própria, devido ao seu mau comportamento, atraíra para junto de si, indivíduos animalizados; verdadeiras bestas inconsequentes que, uma vez não estando a seu serviço, tornaram-se vorazes inimigos a persegui-lo sorrateiramente.

Foi assim que, num trecho ermo da estrada por onde passava, descontraidamente naquela manhã, vários tiros foram desferidos contra o grupo, pelas costas. Os pistoleiros, protegidos atrás de frondosas árvores, atingiram tranquilamente os três, sem se exporem e sem que suas vítimas tivessem sequer a oportunidade de se defenderem.

O ataque não durou mais do que um minuto. Com os três cavaleiros caídos, mortalmente feridos, os assassinos se aproximaram. Pegaram a sacola de dinheiro e fugiram a galope, em seus cavalos, deixando atrás um espesso rastro de poeira e os corpos ensanguentados de suas vítimas.

Eram Argemiro e os outros três homens demitidos por Ricardo, que, sabedores daquela rotina do ex-patrão, prepararam a emboscada a fim de roubá-lo e, ao mesmo tempo, de se vingarem da demissão que consideraram injusta.

Somente duas horas mais tarde os corpos foram descobertos. Os dois capangas estavam mortos e Ricardo, inconsciente e muito ferido, foi levado ao hospital local, onde recebeu os primeiros socorros. Dali foi transferido, de helicóptero, para outro hospital de maiores recursos numa cidade grande.

Os bandidos galoparam durante cinco horas e, quando se convenceram estarem livres de qualquer perseguição, decidiram parar para dividir o roubo e seguirem rumos diferenciados, para melhor despistarem a perseguição da polícia. Os obscuros companheiros invisíveis de Argemiro, excitados pelos últimos acontecimentos, vinham incentivando-o numa ideia que ele adorou:

"Para que dividir, se você pode ficar com tudo".

"Não é tanto dinheiro assim para dividir por quatro!".

Assopravam o tempo todo no ouvido do jagunço.

Então, Argemiro, que estava com a sacola de dinheiro, esperou um momento de distração dos comparsas, sacou sua arma e atirou contra eles. Conseguiu matar dois, mas o terceiro, num gesto de grande agilidade, saltou de sua montaria e protegeu-se, usando o cavalo como escudo. Trocou tiros com Argemiro e o matou. Depois, pegou o dinheiro e desapareceu sem deixar vestígios.

Imediatamente, antes que Argemiro pudesse se dar conta do que havia ocorrido, os seus inimigos espirituais, que há anos vinham esperando por aquele momento, arremessaram-se sobre ele no momento do desenlace. Arrebataram-lhe violentamente do corpo, xingando todo o tipo de obscenidades e agredindo-o impiedosamente. Assim o levaram para o Umbral, onde o inconsequente assassino seria acorrentado e torturado durante muito tempo.

A desgraça se abateu sobre o lar de Mariana como se um véu negro o envolvesse completamente. Transtornada, não sabia o que fazer. Dividia seu tempo entre as viagens ao hospital, onde Ricardo estava internado, correndo um sério risco de desencarnar, o cuidado com Aninha e com os negócios, que não podiam ser simplesmente abandonados.

Um dia, o chefe da equipe médica que cuidava de Ricardo deu-lhe a triste notícia. Seu marido escapara de morrer, mas uma das balas causara um grave traumatismo e ele ficaria em coma por tempo indeterminado.

— Poderá ficar assim para sempre? – perguntou Mariana, entre lágrimas.

— Isso, minha filha, só Deus pode responder – disse o médico, apoiando a mão no ombro dela. – De qualquer modo, não perder a esperança e pensar positivamente é sempre uma grande ajuda. De qualquer modo, tudo o que podia ser feito aqui no hospital já foi feito, proponho agora que a senhora o leve para casa e continue cuidando dele lá mesmo. Posso indicar uma equipe técnica para lhe orientar nas instalações dos equipamentos necessários para a manutenção do paciente em sua casa.

Desconforto

Capítulo 20

Dias depois, Ricardo retornou para casa. Estava atado a uma maca, mudo, sem reagir a qualquer estímulo. Seu corpo, antes forte, corado e imponente, tornara-se uma massa esquálida e inerte, em nada lembrando o homem enérgico que há pouco tempo impunha todas as suas vontades e via concretizarem-se todos os seus caprichos, bastando para isso apenas uma ordem emitida de sua estrondosa e inquestionável voz de trovão.

Um dos cômodos da casa foi transformado numa verdadeira enfermaria com uma cama hospitalar e todos os apetrechos indicados pela equipe técnica para atendê-lo. Três excelentes enfermeiras foram contratadas para se revezarem, cuidando do paciente 24 horas por dia, e o médico combinou de o visitar semanalmente, além de um fisioterapeuta, que cuidaria da parte motora, a fim de evitar o atrofiamento de seus músculos.

O desconforto afetou profundamente os corações de todos aqueles que com ele conviviam. Até mesmo Aninha que quase nada entendia da vida teve uma crise de choro irremediável, diante do pai que apenas a observava com seu olhar petrificado e seu patético ar de incompreensão.

Mariana chamou o sogro e lhe disse:

— Seu Juvêncio, eu preciso que o senhor me ajude! O senhor, apesar da idade avançada, é um homem experiente e corajoso. Seu filho está incapacitado e precisará muito de nós. Eu não entendo nada de administração e, mesmo se entendesse, por motivo algum deixaria de dedicar o meu tempo à minha filha e, principalmente, aos cuidados que terei com o meu marido. Quero que o senhor volte a cuidar dos negócios. Faça o que achar melhor; venda o que tiver de ser vendido, preserve o que achar que deve ser mantido, mas, por favor, ajude-nos a superar este momento tão difícil!

Diante do apelo de sua nora, do pranto da netinha e da agonia do filho preso àquela cama, completamente inutilizado, Juvêncio sentiu se desvanecerem de seu íntimo todas as mágoas que nutria por ele, mas desvaneceu-se também de suas entranhas a força para reagir a tanto sofrimento. Sem saber porquê, sentiu um remorso crucial a invadir-lhe a alma. Convenceu-se de que, de alguma forma, era responsável pela desgraça que se abatera sobre Ricardo.

De repente, movido por um impulso inexplicável, caiu de joelhos diante do filho e, em prantos, suplicou:

— Perdoe-me, meu filho! Perdoe seu velho e ignorante pai!

Mariana ergueu o sogro. Secou-lhe as lágrimas, com os polegares e o encarou com seu olhar terno.

— Não se consuma em remorsos, seu Juvêncio. O senhor não teve culpa de nada!

Juvêncio, ainda chorando de comoção, encaminhou-se para a varanda. Recostou-se em sua velha cadeira de balanço, olhar perdido no horizonte, contemplativo, como a fazer um balanço de sua própria vida que, aos seus olhos parecia uma incógnita.

Buscava respostas para as suas inquietações e, lentamente, em seu íntimo, elas vinham se aflorando.

Recordava-se da infância pobre, numa cidade distante, do outro lado do país. O pai obtuso, a mãe submissa, os irmãos indiferentes. Cansado dos duros desafios de auxiliar o pai em suas rotinas sacrificantes de trabalhador braçal, bem antes de completar a maioridade, inconformado com o futuro previsivelmente miserável que o destino lhe reservava, obteve autorização da família para seguir adiante. Ganhou o mundo em busca de melhor sorte.

De carona em carona, de passo em passo, de pouso em pouso, atravessou o país de um canto a outro. Nunca mais ouviu falar da família que ficou para trás.

Quando aportou naquele lugarejo, era ainda um rapazote. Embora contra a vontade, já que nada de melhor conseguira arranjar, acabou se empregando como lavrador na fazenda dos Trajano e misturou-se às centenas de camaradas que ali cavavam sustento.

Entretanto, houve um dia em que Juvêncio deixou de ser apenas mais um rosto desfigurado por suor e poeira, perdido em meio à pequena multidão de empregados e colonos da grande fazenda. Destacou-se imensamente e, na verdade, nem o fizera por bravura, mas, sim, por uma atitude impensada, por um impulso inconsequente que ainda hoje, passados tantos anos, Juvêncio não se convencia de tê-lo realmente feito.

Estava ele retornando da roça, após mais um dia de trabalho duro, com sua enxada às costas, quando viu uma garotinha, com pouco mais de 5 anos de idade fugir do ataque de um touro feroz. Ele não sabia, mas tratava-se da filha do patrão, a pequenina Alzira. Era uma luta extremamente desleal, o bicho, com sua tonelada de peso e seus enormes e pontiagudos chifres, avançando contra uma criança totalmente indefesa.

A menina, em sua inocência, possivelmente ignorando o perigo e até acreditando ser uma brincadeira, corria dando gargalhadas à frente do touro. De repente, tropeçou e caiu. Ao cair, Alzira ficou paralisada no solo, chorando, muito mais pelo vestidinho vermelho que se rasgara, do que em função do ataque do animal.

Quando o touro praticamente encostou um dos chifres no abdômen da criança e preparou-se para transpassá-lo com aquela terrível lança de osso, Juvêncio, que a tudo assistia a poucos metros de distância, deu um grito:

— Nosso Senhor Jesus Cristo te defenda, criança!

Como por encanto, o touro ficou petrificado. Tomado por uma força extraordinária, o rapaz, numa louca corrida, apanhou a menina nos braços e a resgatou do chão no exato instante em que o touro cravava trinta centímetros de chifre no solo; no mesmo lugar onde Alzira se achava caída. Ainda com ela nos braços, o rapaz continuou correndo, perseguido pela enorme fera; alcançou o cercado e conseguiu ultrapassá-lo antes de ser atingido.

Com o coração aos saltos, mas vendo-se a salvo, estirou-se no chão e entre risos e lágrimas agradeceu a Deus pelo que considerou um verdadeiro milagre, enquanto, do outro lado da cerca, o touro mugia, babando e rasgando o solo com suas patas dianteiras.

Alzira só se metera naquela enrascada por descuido de sua ama. Atravessara o cercado e invadira a pastagem, onde o imenso reprodutor estava confinado, perseguindo, inocentemente, uma colorida borboleta, enquanto a empregada, folheava uma revista de fotonovelas, deitada sobre a grama macia, à sombra de uma árvore.

Chorando muito, a babá, que somente despertara de seu mundo ilusório com o alarido da ocorrência, implorou a Juvêncio que não contasse nada a ninguém, pois temia perder o emprego e ainda levar uma grande surra de seus pais.

Para não prejudicá-la, Juvêncio se calou, exigindo apenas que a moça prometesse prestar mais atenção à criança.

No entanto, a própria Alzira contou ao pai, à sua maneira infantil, o que havia ocorrido. O velho Trajano ficou horrorizado com a história narrada pela filha. Mandou chamar a empregada e exigiu uma explicação. A moça teve que contar nos mínimos detalhes o que havia acontecido.

Trajano quis conhecer imediatamente o rapaz que salvara sua filha da morte certa. Afeiçoou-se imensamente a ele e o convidou para trabalhar junto dos capatazes, servindo-o como homem de sua confiança.

A menina Alzira cresceu ouvindo a história de seu salvamento e desenvolveu um carinho especial pelo seu herói. Vivia suspirando por ele, dando-lhe claras demonstrações de carinho e ciúme, não deixando qualquer dúvida sobre as suas pretensões, quando chegasse à idade certa.

Alzira se tornou uma moça de aparência feia, sem qualquer atrativo físico que chamasse a atenção dos homens, embora possuísse um coração bastante nobre e afetuoso. Juvêncio, ao contrário, era de uma beleza física excepcional e vivia fugindo do assédio de praticamente todas as moças daquelas redondezas; também ele tinha os seus projetos preestabelecidos. Tornou-se o braço direito do fazendeiro que o tratava como um verdadeiro filho.

Quando Alzira tornou-se moça, aconteceu o que todos já previam: ela e o dedicado empregado de seu pai se casaram.

Para Juvêncio, o casamento representava muito mais um negócio lucrativo do que uma realização sentimental. Tornou-se herdeiro da fazenda em que chegara como lavrador e isto era o que importava. O relacionamento com Alzira, que já era frio e distante, piorou muito com o nascimento de Ricardo.

Juvêncio abandonou definitivamente o leito conjugal e, embora nunca tivesse traído ou maltratado a esposa, era incapaz de se relacionar normalmente com ela. Alzira, percebendo a indiferença do marido e consciente de sua pouca atratividade física, resignou-se. Passou a cultivar por ele um sentimento que tinha muito mais de fraterno do que de lascívia.

Satisfeitos em suas mudas compreensões, desenvolveram uma íntima cumplicidade que os unia fortemente, mas que, em certos momentos, parecia envergonhá-los, como se estivessem fazendo algo de errado, como se vivessem uma relação estranhamente incestuosa.

O desenvolvimento da doença de Alzira selou em definitivo a frialdade da conjunção carnal e o isolamento sentimental dos pais de Ricardo.

Faltou amor, concluiu, enfim, Juvêncio. Definitivamente, faltou amor em sua vida. Não conseguindo amar Alzira como mulher, tampouco tentou amá-la de outra forma. Poderia tê-la amado como companheira leal, como amiga infatigável a servi-lo constantemente ou como mãe de seu único filho, mas como? Se nem o filho ele conseguia amar!

Para Ricardo transferira o mesmo desapego sentimental com que tratava a esposa e em nenhum momento da vida teve o desejo de demonstrar-lhe o menor resquício de afetividade.

A única coisa que lhe interessava, verdadeiramente, naquela relação eram os bens materiais que o casamento lhe trouxe, tanto que se sentiu recompensado quando o sogro morreu, deixando a direção da fazenda finalmente em suas mãos, e totalmente derrotado quando Ricardo assumiu dos negócios, legando-lhe o ócio, destituindo-o da condição de administrador.

Juvêncio achava estranho que essas coisas lhe aflorassem agora na mente, enquanto observava as montanhas ao longe, com seus relevos acinzentados pela opacidade de seus olhos baços, aquela incontida amargura a lhe remoer o âmago e uma voz interior a repetir um refrão em sua mente:

"Faltou amor em sua vida, Juvêncio! Faltou amor!"

O Enviado

Capítulo 21

Num princípio de noite, apareceu na cabana de Joaquim um garoto bastante jovem. Estava exausto, faminto e mal cuidado. Ora, ali era um lugar de atendimento público e essas ocorrências eram normais, no entanto, desta vez era diferente. O rapaz aparecera do nada e estava determinado a ficar morando com o velho médium.

— Quem é você e como chegou aqui? – perguntou Joaquim, não reconhecendo no moço nenhum traço dos meninos das redondezas.

O rapazinho estava sentado à mesa, devorando com tenacidade um bolo de fubá recém-assado, com uma imensa caneca de café com leite. Mal ergueu os olhos para responder.

— Meu nome é Benedito, mas me chamam de Dito. Vim de uma cidade vizinha e foi minha avó que, antes de morrer, me mandou procurar o senhor.

— Mas quem era sua avó?

— Chamava-se Januária, mas ela me disse que o senhor provavelmente não iria se lembrar dela, pois já faz alguns anos que esteve aqui. Veio atrás de tratamento de saúde para mim.

Joaquim forçou a memória; de fato aquele nome nada lhe dizia.

— Mas por que ela o mandou?

— Sei lá! Apenas me disse: "Vá à fazenda dos Trajano e procure o seu Joaquim da Cabana, sei que ele ainda está vivo e precisa de gente para ajudá--lo. Seja um bom rapaz, obedeça-o e trabalhe com afinco, pois você deve a ele a sua saúde".

— Onde está o restante da sua família?

Aí o garoto fez uma cara triste e respondeu com o olhar distante:

— Só Deus sabe, seu Joaquim! Só Deus sabe! – e contou sua história.

Quando Benedito nasceu, sua mãe, que havia engravidado de um aventureiro, deixou-o aos cuidados da avó e sumiu no mundo, dizendo que voltaria para levá-lo, assim que houvesse condições financeiras para isso.

Nas poucas vezes em que escreveu, enviou algum dinheiro e umas fotos, onde aparecia à mesa de bares, com roupas muito coloridas, maquiagem pesada e em companhia de pessoas que Dito classificava de esquisitas.

Com o passar dos anos, as correspondências foram se escasseando, até que deixaram definitivamente de chegar.

O menino e sua avó não tinham mais meios de saber sequer se a mulher estava viva ou morta. Vivendo uma infância de extrema pobreza ao lado da avó, Dito, que por alguns anos alimentou a esperança de que a mãe viria resgatá-lo para uma vida menos penosa, perdeu, por fim, a esperança com o passar do tempo.

Quando tinha quatro anos, havia adquirido uma estranha doença que o estava levando à cegueira. A avó, desesperada e sem recursos para cuidar do menino, não sabia o que fazer.

Um dia, disseram a ela sobre o trabalho que Joaquim desenvolvia na Cabana das Flores e decidiu procurá-lo. Lá, foi muito bem recepcionada e o menino passou a receber atendimento. Após alguns meses de tratamento, a criança estava completamente recuperada.

Já bem idosa, receando o desamparo do neto, quando de sua morte, decidiu que, quando o menino completasse 15 anos, o levaria para trabalhar no casebre de Joaquim, pois reconheceu a importância do trabalho desenvolvido pelo médium e a perene necessidade de voluntários para auxiliá-lo.

Entretanto, faltando pouco mais de um ano para que o rapaz atingisse a idade estipulada por ela, a velha faleceu sem meios de concretizar o intento. Antes do último suspiro, fez o neto prometer que procuraria Joaquim.

Com a morte da avó, Dito, constrangido de procurar o amparo de uma pessoa que nem conhecia, andou vagueando sem destino. No entanto, os sobressaltos impostos pela vida nômade o fizeram reconsiderar a decisão e resolveu cumprir a promessa.

Quando Benedito terminou a narrativa, Joaquim que a tudo ouvia atentamente, contemplou, pela moldura da janela, a paisagem que a noite acinzentava lá fora, sob o tritrinar dos grilos; o céu que escurecia aos poucos, salpicando-se de estrelas.

Inevitavelmente, sentiu-se emocionado, comparando a vida do menino, à sua própria vida. O presente e o passado se entrelaçando numa intrigante simetria. Não havia dúvida! Fora enviado para o trabalho.

Joaquim ficaria com ele e o conduziria pelo mesmo caminho que um dia lhe fora apontado por um certo vendedor de bugigangas.

Naquela noite, antes de dormir, chamou Dito para a leitura do Evangelho.

— Você sabe ler? – perguntou.

— Aprendi a ler e a fazer contas, muito bem! – respondeu Dito, orgulhoso.

— Acredita em Deus?

— É a única coisa que não me faz desistir...

— Desistir de quê?

— De nada! Apesar de ter uma vida difícil, aprendi com minha avó a confiar em Deus e na sua infinita bondade. É desta confiança que tiro forças para seguir em frente e superar todas as dificuldades, sem desistir de nada.

Joaquim coçou a barba. O menino deveria ter sido instruído pela avó, a fim de impressioná-lo, para garantir a sua aceitação.

— Abra o Evangelho ao acaso, faça a leitura para nós.

Dito pegou *O Evangelho segundo o Espiritismo* e, demonstrando bastante intimidade com o livro, abriu-o sem cerimônia. Caiu no item 17 do capítulo XIII. Leu com voz firme: "A piedade".

"A piedade é a virtude que mais vos aproxima dos anjos. É a irmã de caridade que vos conduz para Deus. Ah, deixai vosso coração enternecer-se, diante das misérias e dos sofrimentos de vossos semelhantes. Vossas lágrimas são um bálsamo que derramais nas suas feridas. E quando, tocados por uma doce simpatia, conseguis restituir-lhes a esperança e a resignação, que ventura experimentais! É verdade que essa ventura tem um certo amargor, porque surge ao lado da desgraça; mas, se não apresenta o forte sabor dos gozos mundanos, também não traz as pungentes decepções do vazio deixado por estes; pelo contrário, tem uma penetrante suavidade, que encanta a alma.

A piedade, quando profundamente sentida, é amor; o amor é devotamento; o devotamento é olvido de si mesmo; e esse olvido, essa abnegação pelos infelizes, é a virtude por excelência, aquela mesma que o divino Messias praticou em toda a sua vida, e ensinou na sua doutrina tão santa e sublime. Quando essa doutrina for devolvida à sua pureza primitiva, quando for admitida por todos os povos, ela tornará a Terra feliz, fazendo reinar na sua face a concórdia, a paz e o amor...".

— Muito bem! Você é um excelente leitor, seu Dito. Mas diga-me, o que entendeu da leitura?

— É muito clara, seu Joaquim! Ela fala de caridade, de piedade para com os sofredores, de doação, de amor; daquele amor que levou Jesus Cristo a se sacrificar pelos homens. Este mesmo amor que o senhor vem praticando ao longo dos anos. Esta dedicação ao próximo. Como agora que, mesmo sem me conhecer, me acolheu, me alimentou e está, neste momento, devotando o seu tempo a me instruir espiritualmente!

Joaquim estava boquiaberto.

— Diga-me outra coisa, Dito. Você sentiu muito a falta da sua avó, depois que ela morreu?

— Não acredito em morte, seu Joaquim. Sinto saudades da presença física da minha avozinha. Mas, embora não saiba explicar direito, alguma coisa dentro de mim me garante que ela está mais viva do que nunca e que continua me amando e protegendo do mesmo modo como o fazia antes.

Joaquim aproximou-se do menino. Olhou-o nos olhos, depois o abraçou emocionado:

— Seja bem-vindo, meu filho! Que Deus nos abençoe!

Mudanças

Capítulo 22

Após a chegada de Ricardo em casa, Juvêncio entrou em profunda depressão. Passava os dias amuado pelos cantos, chorando, sem ânimo para nada. Ele não conseguia se perdoar, pois continuava acreditando ter sido o culpado pelo infortúnio do filho e de seu estado lamentável. Não arranjava forças para sair daquela letargia e, assim, ajudar Mariana a tocar os negócios.

Um dia, por insistência da nora, acompanhou-a à casa de Joaquim, onde foi recebido com muita hospitalidade.

— Seja muito bem vindo, seu Juvêncio! – exclamou Joaquim, sorridente, ao vê-lo entrar com Mariana.

— Vim por insistência da minha nora. – respondeu Juvêncio que, na verdade, nunca devotara muita simpatia pelas atividades do médium.

— O importante é que veio! – disse Joaquim, piscando o olho para Mariana.

Conversaram durante quase uma hora e, embora se recusasse a admitir, Juvêncio saiu de lá bem mais aliviado. Passou muitos dias repetindo para si mesmo as palavras do médium que ficaram ecoando em sua mente:

— Não se torture tanto, alimentando esse remorso inútil em sua alma, seu Juvêncio. Estamos vivendo num mundo de expiações e de faltas, somos, portanto, todos nós, culpados e penitentes, em busca, não só da reparação dos nossos erros passados, mas também da nossa evolução futura. O que nos compete fazer não é ficar remoendo as agruras do que já se foi, mas encarar o presente como oportunidade de crescimento e pôr em prática a nossa capacidade de tirar proveito desta oportunidade, agindo de modo a nos melhorarmos moralmente. Assim, podemos vislumbrar o futuro com a alma repleta de esperança, na certeza de que dias melhores estarão reservados para nós.

Sabendo que o sofrimento de Juvêncio estava diretamente ligado ao trágico acontecimento que envolvera Ricardo, Joaquim procurou tranquilizá-lo:

— O que aconteceu a seu filho foge completamente do seu alcance. Infelizmente, foi uma fatalidade pela qual ele teria que passar, afinal, Ricardo tornou-se vítima de seu próprio veneno. Foi atingido por aqueles a quem ele atraiu para junto de si com o intuito de prejudicar outras pessoas. Suas próprias atitudes o conduziram em direção ao sofrimento que hoje experimenta. No entanto, a mesma desgraça que o acomete, oferece ao senhor a oportunidade da superação. Em vez de se entregar ao desânimo, se entregue ao trabalho. Cuide de sua nora, de sua neta e de todos aqueles que, de uma forma ou de outra, esperam a reparação das injustiças praticadas pelo comportamento equivocado de seu filho. Não use o remorso como uma desculpa para o ócio, para a improdutividade, pois não é isto que as pessoas que o amam esperam do senhor.

Após a conversa com Joaquim, Juvêncio decidiu reassumir a direção dos negócios e a fazenda começou a passar por grandes transformações, sob o comando dele e de Mariana.

Antigos empregados, informados de que Ricardo não estava mais à frente do comando, retornaram e foram readmitidos pelo ex-patrão. Famílias inteiras voltaram a trabalhar ali. Uma vila de casas foi construída para abrigá-las, a pedido de Mariana, nas proximidades da cabana do Joaquim.

Assim, o lugarejo, antes ermo e solitário, tornou-se uma vila bastante animada, com suas dezenas de casas. Ganhou o contentamento esfuziante das crianças com seus alaridos, a música alegre de acordeons e violas, latidos de cães, cacarejar de galinhas e o diz-que-diz-que das mulheres, enquanto lavavam roupas à margem do riacho que passava próximo dali.

Mariana pediu, também, a Juvêncio, que mandasse edificar, nas proximidades, um grande salão e o mobiliasse com carteiras e um quadro negro. Era uma escola para atender, não somente às crianças, mas a todos aqueles que quisessem se instruir. A pedido de Juvêncio, duas professoras foram designadas pela prefeitura para assumir o comando da escola. O fazendeiro se comprometeu em fornecer-lhes o transporte diário.

Os empregados encrenqueiros, contratados por Ricardo, foram demitidos ou abandonaram a fazenda por iniciativa própria, ficando apenas aqueles de boa índole, comprometidos com o bom desempenho de suas funções e com a tranquila harmonia que voltou a imperar naquelas terras.

Algumas empresas foram vendidas e, até mesmo terras que haviam sido invadidas por Ricardo, foram devolvidas por Juvêncio, com os mais sinceros pedidos de perdão aos antigos proprietários, que se emocionavam, agradecidos. E nenhum desses procedimentos comprometeu os rendimentos monetários da família que continuava a se manter numa excelente situação financeira.

Mariana passou, não só a frequentar e a se instruir espiritualmente na cabana de Joaquim, mas também a auxiliá-lo nos seus atendimentos fraternos, doando alimentos e roupas para que o médium, agora com a imperiosa ajuda de Benedito e de outros jovens que o rapaz atraíra para a Casa, os distribuíssem aos seus assistidos.

Com a edificação do vilarejo, o movimento na cabana cresceu bastante. Auxiliado por Mariana, Joaquim ampliou a casa, erguendo-a sobre firmes alicerces de alvenaria. O salão de palestras passou a comportar confortavelmente mais de uma centena de frequentadores e os estudos da Doutrina aplicados às crianças, dentre elas a pequena Ana Carolina – uma das mais assíduas e empolgadas frequentadoras do Centro – e também aplicados aos jovens, por Dito, Luzia e mais alguns discípulos de Joaquim, sob a sua constante supervisão, prosseguiu com bastante frequência de seguidores.

Uma fortuita amizade entre o velho médium e a pequena Aninha se desabrochou de tal forma que, intrigado com tanta afinidade, um dia Joaquim implorou a Joel:

— Por favor, meu amigo, diga-me: quem é este anjo a quem chamamos de Aninha? Será por acaso a reencarnação de algum antigo parente meu? Como pode haver tanta reciprocidade de afeto entre um velho quase centenário e uma criança que mal acabou de reencarnar?

E Joel apenas sorriu:

— Nem tudo tem necessidade de ser esclarecido, Joaquim. Apenas ame-a, retribua o afeto que ela lhe devota, com dedicação. Quem ela é não importa, porque, assim como em outras vidas terrenas, sua condição atual também é transitória. A Ana de hoje terá outro nome e outra aparência amanhã, assim como o Joaquim de hoje poderá ser, futuramente, o João, o Antônio, a Maria... Que diferença faz? O que importa é que a amizade entre vocês permanecerá e isto sim, é que é relevante.

Joaquim estava muito satisfeito com o desempenho de Benedito. Sua chegada à cabana trouxe vida nova àquele lugar. Benedito estava sempre de bom humor. Tornara-se de grande serventia, não apenas para os trabalhos espirituais e beneficentes de Joaquim, mas também para Juvêncio e Mariana, que lhe devotavam grande estima e a ele confiavam as tarefas mais importantes da fazenda.

O rapaz tinha uma capacidade incrível para aprender tudo o quanto lhe ensinavam. Além disso, Joaquim notava que a mediunidade de Benedito aflorava e se expandia cada vez mais. Suas explanações acerca do Espiritismo eram de uma clareza impressionante e as infusões curativas que o moço fazia eram tão eficazes quanto as suas.

Sua simpatia atraíra muitos jovens para o aprendizado e para o trabalho. Entretanto, dentre os frequentadores do casebre, havia uma pessoa que se sobressaíra aos olhos do rapaz. Era Luzia. Joaquim percebeu a reciprocidade de sentimentos que os unia e ficou muito feliz. Formavam um belíssimo casal e estavam ambos comprometidos com o trabalho fraterno ali desenvolvido. Ainda bem jovens decidiram se casar, numa cerimônia simples e discreta. Joaquim e Mariana foram seus padrinhos.

O jovem casal passou a morar numa casa construída especialmente para eles, bem próxima à casa de atendimento, transformada agora, por sugestão de Mariana, no "Centro Espírita Seara da Caridade" e apelidada carinhosamente pelos frequentadores de "Cabana das Flores".

Ali os trabalhos continuavam ininterruptamente, impulsionados pela dedicação de seus abnegados servidores e sob o constante amparo do plano espiritual.

Reconciliação

Capítulo 23

Mariana não se cansava de cuidar de Ricardo. Durante horas, permanecia ao seu lado, falando-lhe palavras ternas, encorajando-o a recobrar os sentidos. Essa irrefutável demonstração de amor funcionava como força poderosíssima, a impulsioná-lo na direção do restabelecimento. Constantemente, a esposa acariciava seus cabelos embranquecidos e o acalmava, com sua voz tranquila.

— Paciência, meu querido! Eu estou aqui para ajudá-lo e não tenho pressa alguma, pois o meu amor por você tem a capacidade de superar todos os obstáculos e de esperar todo o tempo que for necessário. Não se preocupe com nada! Eu vou cuidar sempre de você.

Depois abria o Evangelho e lia para ele. Tinha certeza de que, apesar de não demonstrar nenhuma reação, Ricardo a ouvia e absorvia as mensagens que lhe eram lidas.

Também Aninha o cobria de mimos e beijos. Diariamente trazia flores do jardim e as colocava sobre o criado mudo, ao lado da cama do pai. Chegava com aqueles buquês coloridíssimos, seus cabelos louros, cacheados, harmonizando-se com o vermelho das rosas, o azul das hortênsias, o branco dos lírios...

Invadia o quarto com sua mimosa alegria, trazendo consigo a festa contagiante de seu sol interior. Era uma filha amorosa que cuidava do pai, mas era, também, embora inconsciente desta condição, uma mãe dedicada que tratava de seu filho enfermo

Houve uma manhã, em que Mariana, abrindo *O Evangelho segundo o Espiritismo* ao acaso, leu para Ricardo o item V do Capítulo XXVIII, cuja mensagem é "Perdoai as nossas dívidas, assim como nós perdoamos os nossos devedores":

"Cada uma das nossas infrações às Vossas leis, Senhor, é uma ofensa que Vos trazemos, e uma dívida contraída, que cedo ou tarde teremos de pagar. Solicitamos à Vossa infinita misericórdia a sua remissão, sob a promessa de empregarmos os nossos esforços em não contrair outras.

Fizestes da caridade, para todos nós, uma lei expressa; mas a caridade não consiste unicamente em assistirmos os nossos semelhantes nas suas necessidades, pois consiste ainda no esquecimento e no perdão das ofensas. Com que direito reclamaríamos a Vossa indulgência, se faltamos com ela para aqueles de que nos queixamos?

Dai-nos, Senhor, a força de sufocar em nosso íntimo todo ressentimento, todo ódio e todo rancor. Fazei que a morte não nos surpreenda com nenhum desejo de vingança no coração. Se Vos aprouver retirar-nos hoje mesmo deste mundo, fazei que possamos nos apresentar a Vós inteiramente limpos de animosidade, a exemplo do Cristo, cujas últimas palavras foram em favor dos seus algozes".

Naquela mesma manhã, enquanto Mariana cuidava de seus afazeres, Aninha foi levar flores ao quarto do pai e teve uma enorme surpresa. Ela entrou, como sempre, sorridente, substituiu as flores da véspera pelas novas, depois se aproximou de Ricardo, beijou-o e exclamou:

— Eu o amo, papai!

Quando ia se afastando, percebeu que o pai a olhava fixamente e tentava mover os lábios com muita dificuldade. A menina, com o coraçãozinho aos saltos, sentou-se na cama e o encarou.

— O que é, papai? O senhor quer me dizer alguma coisa?

E ouviu um resmungo embolado que lhe pareceu ser:

— Eu... também... a... amo...

Ricardo estava com os olhos cheios de lágrimas.

Aninha o abraçou chorando. Depois correu pela casa aos gritos, espalhando a novidade:

— Ele está falando! Meu papaizinho querido acordou e está falando!

Mariana correu ao quarto, abraçou Ricardo e, chorando de felicidade, agradeceu a Deus por ter ouvido as suas súplicas.

A partir daquele dia, uma lenta e progressiva melhora no quadro clínico de Ricardo começou a ocorrer. Embora seu total restabelecimento fosse impossível, os movimentos dos membros começaram a voltar, vagarosamente, por meio de um intensivo processo fisioterápico.

Ricardo passou também por um tratamento para reaprender a articular as palavras. Após quatro anos de coma, podia, enfim, locomover-se pela casa numa cadeira de rodas, com a ajuda das enfermeiras e, embora com grande dificuldade, pronunciar palavras que davam para entender o significado.

Juvêncio, que acompanhava a recuperação do filho à distância, não se atrevia a encará-lo. Tinha medo de que a reação de Ricardo fosse negativa e que isso pudesse prejudicar o seu restabelecimento. Sabia que tinha cumprido a sua obrigação, durante a enfermidade do filho. Cuidara da fazenda, da nora, da neta, mas não tinha a menor noção do que se passava na cabeça daquele homem que, embora sendo seu filho, lhe demonstrara tanta adversidade no passado.

A velhice o subjugava aos poucos, esgotando as energias que ainda lhe restavam. Juvêncio esperava a morte com resignação. Apenas uma coisa o preocupava: a possibilidade de partir sem ter feito as pazes com Ricardo.

Numa manhã, aninhada no colo do pai, sobre a cadeira de rodas, e extremamente inspirada, Aninha lhe disse:

— Meu paizinho, querido! Eu o amo de todo o meu coração e amo muito também o meu querido vozinho Juvêncio, que tem cuidado muito bem de mim e da mamãe, durante esse tempo que o senhor está doente. Mas ele tem andado muito triste e, às vezes, eu vejo ele chorando. Ele disfarça, diz que está com um cisco no olho, mas eu sei que é tristeza. Sabe por quê? Porque ele acha que o senhor não gosta dele. Por favor, paizinho, não deixe meu vozinho ficar pensando essa bobagem. Eu sei que o senhor o ama, porque todo filho sente amor pelo pai. Eu posso dizer isto, porque eu o amo muito e não gostaria de ser motivo de tristeza para o senhor. Converse com ele. Mostre que o ama, porque, aí, ele vai deixar de ficar triste e eu também vou ficar muito feliz!

Mais tarde, mesmo com sua imensa dificuldade em pronunciar as palavras, Ricardo fez um apelo a Mariana, que o interpretou desta forma:

— Enquanto estive ausente, me senti perdido em vários momentos; atolado em pântanos; envolvido em trevas, sofrendo, como se revivesse um passado ruim. Sempre o que me salvava desses pesadelos, eram umas leituras que você fazia para mim. Por favor, continue a fazê-las.

— Eram leituras de *O Evangelho segundo o Espiritismo* – respondeu Mariana com os olhos brilhando de emoção. – Eu as fazia por instrução do seu Joaquim da Cabana. Ele me garantiu que você poderia ouvi-las, mesmo estando em coma. Segundo ele, o seu corpo estava doente, mas a sua alma não e era ela que me ouvia; não os seus ouvidos materiais. Você quer continuar ouvindo-as?

— Sim. Por favor! – pediu Ricardo.

E Mariana, com muita alegria, continuou lendo para ele as mensagens do Evangelho.

Certa noite, enquanto massageava as pernas de Ricardo, Mariana comentou preocupada:

— Sabe, meu amor, você está se recuperando gradativamente e é possível até que volte um dia a administrar a fazenda. Por isso preciso lhe contar algumas transformações pelas quais ela passou nesses quatro anos...

Ricardo a interrompeu com um forçado "*shiiiuu*", pedindo que ela silenciasse. Olhou-a nos olhos e falou o mais claramente possível:

— Eu sei que ela está em boas mãos. Fui um idiota em não ouvir os seus conselhos e recebi o castigo pela minha teimosia. Não quero mais cuidar da fazenda... Agora ela é sua e da Aninha. Cuidem dela do jeito que acharem melhor.

O esforço físico para pronunciar tais palavras o abalaram imensamente. Sentiu-se zonzo e Mariana o amparou em seus braços. Aconchegou-o no colo, beijou-o suavemente na testa e, desta forma, aguardou pacientemente que ele adormecesse.

Uma tarde, Juvêncio estava sentado na varanda, com os olhos fechados, imerso em seus pensamentos, quando Ricardo aproximou-se lentamente com sua cadeira de rodas. Juvêncio só percebeu a presença do filho quando este, com muito esforço, conseguiu mover o braço direito, ergueu-o e pousou sua mão sobre o ombro do pai. Olhou firmemente para ele e, com imensurável dificuldade, conseguiu soletrar pela primeira vez desde o incidente, uma frase inteligível:

— Pai... Obrigado por tudo... Me perdoa... Eu o perdoo... Eu o Amo!

Juvêncio segurou a mão do filho e a beijou afetivamente. Sorriu com ternura para ele e duas lágrimas grossas e mornas saltaram de seus olhos opacos e deslizaram pela depressão das rugas.

— Obrigado, meu Deus! – agradeceu. – Agora já posso morrer em paz.

Mariana e Aninha também se aproximaram e, formando um círculo, os quatro se abraçaram e, sorrindo e chorando ao mesmo tempo, foram invadidos por uma indefinível sensação de felicidade.

Era a força do perdão que os contagiava, o efeito imensurável da caridade moral que os cobria de luz e de paz. Eram os adversários de uma existência passada que, tendo se reencontrado, finalmente faziam bom proveito da maravilhosa oportunidade que lhes fora dada para a reconciliação.

Os males do passado estavam superados, os corações estavam purificados. Finalmente vencera o amor, o verdadeiro princípio da caridade!

Epílogo

Capítulo 24

Alguns anos mais tarde, ocorreria o desencarne de Joaquim, já bastante idoso. Sua saúde andava debilitada há muito tempo. Na noite de sua morte física, fechado em seu quarto, apenas na companhia de Joel, o médium confidenciou ao amigo espiritual.

— Joel, eu sinto que desencarnarei esta noite e que amanhã, quando vierem me acordar, apenas encontrarão minha velha e cansada carcaça sem vida. Estou feliz por retornar ao Plano Espiritual, mas eu gostaria de me certificar de que as coisas ficarão realmente bem por aqui.

—Você não confia no Benedito, Joaquim?

— Confiar eu confio! Só não tenho certeza de que ele esteja suficientemente preparado para assumir tamanha responsabilidade. Não sei, de fato, quem é este rapaz...

Então Joel sorriu enigmaticamente e disse:

— O poder de Deus se revela nas pequenas como nas grandes coisas. Ele não põe a luz sob o alqueire, mas a derrama por toda à parte; cegos são os que não a veem…

E Joaquim, mentalmente, viajou no tempo. Viu-se, ainda jovem, no quarto de uma pequena pensão muitos anos atrás. Estava diante do velho mascate, lendo para ele, na noite de seu desencarne.

De repente, seu velho e enrugado rosto, fustigado pelo tempo, iluminou-se de modo contagiante. Seus olhinhos turvos ganharam um brilho renovado. Um imenso sorriso estampou-se em seu semblante e sua voz soou trêmula de emoção.

— Espere, Joel! Esta mensagem! Eu li esta mensagem para o Horácio na noite em que ele desencarnou. O que você está querendo dizer com isto? O Benedito é a reencarnação do Horácio? Ele disse que, se fosse permitido, daria continuidade à minha obra. Quer dizer que nos últimos anos da minha vida eu venho ensinando a quem me ensinou tudo o que eu sei?

E Joel, levando o dedo à boca, advertiu:

— Psiu! Lembre-se de que nem tudo precisa ser esclarecido, meu amigo, nem tudo!

E acolheu em seus braços o Espírito Joaquim que, lentamente, se desenlaçava de seu corpo físico.

Como um pai amoroso que embalasse o filho querido em seu sono, Joel, carinhosamente, o conduziu e, juntos, ultrapassaram os resplandecentes pórticos da pátria espiritual.

Uma brisa suave percorreu os campos e todos puderam sentir, naquela madrugada, o aroma de um perfume envolvente que se espalhou pelos ares e invadiu todas as casas. Uma doce, profusa e inédita fragrância emanada de todas as plantas que ornamentavam o antigo jardim da Cabana das Flores.

Fim

Esclarecimentos do autor espiritual sobre mediunidade intuitiva

As faculdades mediúnicas não se manifestam da mesma forma em todas as pessoas. O modo como elas vão se revelar e serem utilizadas pelos Espíritos varia de acordo com os diversos aspectos atinentes ao próprio médium e às suas aptidões individuais. Por isso, é um grande equívoco buscar-se fazer comparações entre este e aquele.

Os Espíritos procurarão sempre o caminho mais sensato, para melhor aproveitamento de energia e, apenas em situações mais prementes, exigirão algum esforço além da capacidade sensitiva e física do médium.

No entanto, quanto maior for a sua dedicação e a sua sensitividade, além de sua preparação intelectual para a tarefa, tanto melhor servirá como intermediário entre o mundo da matéria e o mundo dos Espíritos. Ou seja, quanto mais afiada a ferramenta, mais preparada estará para a execução do trabalho e menos árdua será a tarefa, tanto para um quanto para o outro.

Um outro fator que em muito influencia na comunicação é a condição moral do médium. Os maus hábitos terrenos fecham as portas da mediunidade para os Espíritos superiores e as abrem para os desajustados. Dentre todos os defeitos, os que mais têm comprometido os médiuns ao longo dos tempos são o orgulho e a vaidade. Eles agem como uma venda que cega os olhos e faz com que médiuns dotados de riquíssimas faculdades se tornem vítimas de Espíritos levianos e se percam nos labirintos recônditos de suas aleivosias.

Por isso é imprescindível a vigilância ininterrupta, o inflexível comprometimento com os ensinamentos de Jesus, a busca incessante do aprimoramento moral e espiritual, além da conscientização da importância do trabalho; porém sem qualquer sentimento de vaidade ou soberba pela capacidade de poder realizá-lo.

A melhor maneira de certificar-se de não estar sendo vítima das artimanhas dos Espíritos enganadores, além das orientações já citadas, é submetendo o fruto do trabalho à apreciação daqueles que, desapegados de qualquer sentimento mundano e verdadeiramente alicerçados na Doutrina, possam avaliá-lo com responsabilidade e bom senso.

Dentre as diversas manifestações mediúnicas a serviço do homem na Terra, está a comunicação pela escrita, faculdade que, utilizada com seriedade, tem sido de imensurável valia ao longo dos tempos, pois com seu inesgotável poder de persuasão, vem revolucionando a história da Humanidade, subjugando velhos tabus embasados na ignorância, na hipocrisia e nos interesses os mais mesquinhos.

Não se pode dizer que seja a escrita a mais importante das faculdades, pois cada uma, pelo papel que ocupa dentro do grande projeto do Criador, tem a sua relevância, mas podemos dizer que seja, inquestionavelmente, a mais difundida e, por isso mesmo, uma das que mais exigem responsabilidade e abnegação.

Dentre as manifestações da escrita mediúnica, embora seja a mecânica, ou psicográfica, a mais conhecida e estudada, há outra extremamente importante e que exige uma grande sensibilidade do médium, além de uma dedicação e uma humildade ímpares para não ser encarada como criação intelectual do próprio, mas sim, como sugestão enviada pelo plano espiritual: é a **mediunidade intuitiva**.

Neste caso, a comunicação ocorre por meio do pensamento, sendo a sensitividade o fio condutor que conecta a ideia do Espírito desencarnado ao pensamento da alma do médium, criando uma perfeita sintonia entre ambos. O médium se torna, desta forma, um intérprete do autor espiritual.

A ideia sugerida pelo Espírito toma forma na mente do médium receptor que, naquele mesmo momento, ou em outro mais propício, a transformará em escrita. Neste caso, o médium estará totalmente consciente no momento em que estiver escrevendo e até utilizará palavras e construções literárias de sua safra intelectual, o que é normal, mas deverá seguir rigorosamente o roteiro de ideias traçado pelo Espírito, inclusive no que diz respeito a uma revisão ou outra que lhe seja sugerida, posteriormente, para melhor entendimento do texto.

Se, tomado pela vaidade, ou mal influenciado por terceiros, o médium interferir nas ideias sugeridas, desvirtuando-lhes o propósito, a comunicação é interrompida e o trabalho fica inacabado; ou, o que é pior, pode ser sequenciado por Espíritos zombeteiros que alimentarão o ego do médium, cegando-o à razão, induzindo-o aos erros mais grotescos.

De qualquer modo, a responsabilidade sobre todas as consequências provocadas pelas ideias deturpadas daquela escrita, caberá tanto ao médium, quanto a quem, por interesses avessos aos comprometimentos doutrinários, incentivou o desvirtuamento e as difundiu.

O enunciado em questão serve como esclarecimento de dúvidas levantadas pelo obreiro e não deve, em hipótese alguma, ser encarado com melindre, não pode servir de escusa para o arrefecimento dos ânimos e muito menos para o abandono do arado em meio ao plantio, na inadiável seara de Nosso Senhor Jesus Cristo.

Muito há que ser feito e a premência da labuta não cede espaço à indolência. Trabalhemos, pois, em nome do grande Seareiro Universal!

Que Deus nos abençoe!

Basílio

OBRAS DE **NELSON MORAES**

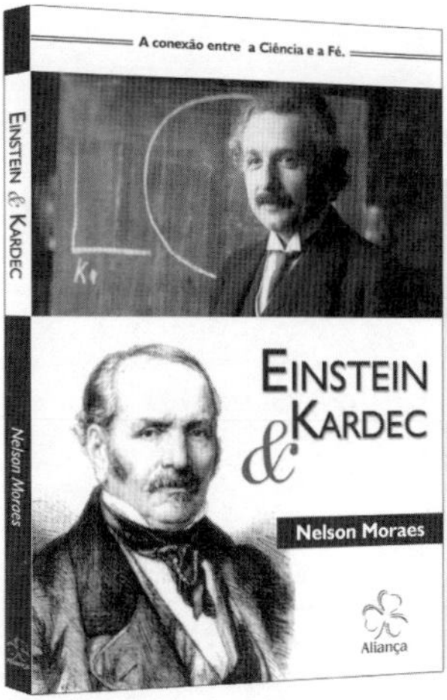

"A conexão entre a Ciência e a Fé"

**Allan Kardec foi o cientista da alma;
Albert Einstein deu a alma à ciência.**

Essas duas admiráveis personalidades trabalharam animadas pelo mesmo espírito em épocas diferentes almejando o mesmo objetivo: contribuir para desenvolver nos corações hu-manos uma religiosidade genuína fundamentada em um conhecimento científico mais amplo e mais profundo da natureza humana.

Autor: Nelson Moraes | 14 x 21 cm | 160 páginas

Perdoa-me, se na minha ignorância feri você. Talvez eu tenha sido um crítico muito severo, detendo-me apenas nas observações dos seus erros e falhas, esquecendo das enormes qualidades que você possui.

Tive olhos para ver o argueiro em você, sem perceber a trave empanando-me a visão.

Compreendo, agora, que todos estamos matriculados na escola da vida, na condição de eternos aprendizes e que somos passíveis de erros e falhas, por isso mesmo lhe peço, perdoa-me.

Autor: Nelson Moraes | 14 x 21 cm | 128 páginas

OBRAS DE **SAARA NOUSIAINEN**

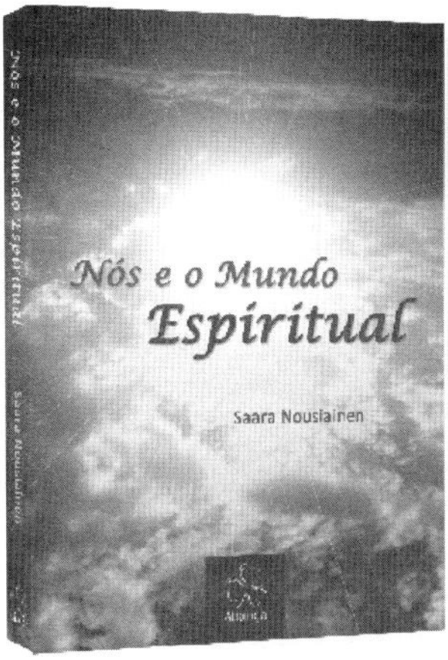

Tudo sobre o mundo espiritual e seu inter-relacionamento conosco, nos milenares processos evolutivos do ser humano e da vida.

- Para onde vamos depois da morte.
- As leis cósmicas.
- Obsessão.
- Mediunidade.
- A reencarnação.
- O mundo espiritual.
- O que são espíritos sofredores.

Os ensinamentos de Jesus sob nova ótica e muitas outras questões.

Autor: Saara Nousiainen | 11 x 15 cm | 208 páginas

Nesta obra, Saara Nousiainen, de forma simples, direta e elucidativa, aborda diversos temas relacionados à Doutrina Espírita, utilizando o método de perguntas e respostas.

Nela, o leitor tirará suas dúvidas sobre questões como: reencarnação, leis divinas, obsessão, mediunidade, expiação, conflitos familiares, etc., e o inevitável intercâmbio entre os mundos material e espiritual.

Autor: Saara Nousiainen | 14 x 21 cm | 128 páginas

Campanha de Preservação da Vida
EDITORA ALIANÇA
Tema: PREVENÇÃO AO SUICÍDIO

Tema: ABORTO